Marcos Vinícius de Araujo
Alex Moreira Carvalho
Maria Cristina Triguero Veloz Teixeira
Luiz Renato Rodrigues Carreiro

Orientações práticas para professores de alunos com comportamentos de **desatenção e hiperatividade** em sala de aula

Artesã

Orientações práticas para professores de alunos com comportamentos de desatenção e hiperatividade em sala de aula

1ª edição - 2ª reimpressão, junho 2023

DIRETOR

Alcebino Santana

DIREÇÃO DE ARTE

Tiago Rabello

PROJETO GRÁFICO E CAPA

Casa de Ideias

Orientações práticas para professores de alunos com comportamentos de desatenção e hiperatividade em sala de aula / Marcos Vinícius de Araújo...[et al]. –Belo Horizonte : Artesã Editora, 2019.

ISBN 978-85-7074-012-0

1. Psicologia 2. Crianças com distúrbio do déficit de atenção – Educação 3. Distúrbio do déficit de atenção com hiperatividade – Comportamento I. Araújo, Marcos Vinícius

15-0486
CDD 618.928589

Angélica Ilacqua CRB-8/7057

IMPRESSO NO BRASIL
Printed in Brazil

ARTESÃ EDITORA LTDA.
Site: www.artesaeditora.com.br
E-mail: contato@artesaeditora.com.br
Belo Horizonte/MG

Apresentação

Discussões entre profissionais que atuam no campo da psicologia e da educação têm contribuído para a produção de conhecimento na área da aprendizagem, resultando na elaboração de livros e artigos derivados, muitas vezes, de trabalhos de mestrado e doutorado. Esses estudos podem auxiliar tais profissionais em sua prática com alunos que apresentam dificuldades de aprendizagem. De todas as questões que sempre são levantadas a respeito dessas dificuldades, um dos temas que tem despertado o interesse de pais, professores e alunos é o Transtorno de Déficit de Atenção e Hiperatividade (TDAH). Na atualidade, compreender como os professores têm tratado esse assunto e quais estratégias vêm sendo adotadas (e quais outras poderiam ser implementadas) para lidar com as dificuldades associadas ao processo educacional é essencial no contexto de escolarização de um aluno com TDAH.

Observar o cotidiano escolar para compreender como a escola tem lidado com alunos com TDAH permite indagar sobre os seguintes aspectos do processo educacional: quais as funções das práticas pedagógicas e suas relações com a produção e/ou manutenção de sinais de desatenção e hiperatividade? Quais as consequências dessas práticas em relação ao aprendizado efetivo do aluno? Qual o impacto na autopercepção do aluno com tais sinais? Como é o processo de formação de professores e como ele se relaciona com a política de inclusão?

Nesse panorama, o presente livro discute aspectos relacionados à interação entre professores e alunos que apresentam sinais de desatenção e hiperatividade. A partir dessa investigação, serão abordados procedimentos de manejo para comportamentos de desatenção e hiperatividade em sala de aula, com o objetivo de facilitar o processo educacional. Pretende-se, assim, contribuir para o conhecimento sobre intervenções eficazes para o aprendizado dos alunos identificados com esse transtorno.

Uma vez que o presente trabalho se localiza em uma área de interface entre disciplinas que estudam o TDAH (psicologia, psiquiatria e educação) é necessária uma padronização da nomenclatura que permita o diálogo entre profissionais de diversas vertentes do conhecimento. Nesse sentido, o termo *transtorno* será utilizado neste trabalho segundo a classificação do DSM-IV-TR (APA, 2002), que o insere na categoria de síndromes ou padrões comportamentais ou psicológicos clinicamente importantes, que ocorrem em um indivíduo e estão associados ao sofrimento. É importante lembrar que a classificação de transtornos mentais não classifica pessoas, mas os transtornos que elas apresentam.

Este livro teve origem a partir de uma tese de doutorado (Araújo, 2012) que trabalhou com manejo comportamental pelo professor, no contexto de sala de aula, de alunos identificados com TDAH, por meio do desenvolvimento, implementação e avaliação de um Guia de intervenção. Esse estudo, baseado na Análise do Comportamento, teve como objetivo desenvolver um instrumento para ser utilizado por professores do ensino fundamental e médio no trabalho pedagógico com esses alunos. Assim, este livro se destina a todos os profissionais que em sua prática lidam com o processo de ensino e aprendizagem.

No primeiro capítulo deste livro, discutem-se questões relacionadas ao TDAH: definição e prevalência; o segundo capítulo trata dos conceitos fundamentais da Análise do Comportamento; já o terceiro capítulo explora a temática do TDAH e a relação da educação com Análise do Comportamento na compreensão dos prejuízos, dificuldades educacionais e práticas docentes; o capítulo quatro, por sua vez, discute as questões referentes à avaliação e ao manejo de comportamentos em casos de TDAH; o quinto aborda a verificação de comportamentos em sala de aula por meio de um protocolo de observação sistemática; o sexto capítulo apresenta orientações práticas sob a forma de uma proposta de intervenção em sala de aula. O sétimo capítulo traz um exemplo de treino e utilização do Guia pelo professor e um acompanhamento da intervenção e considerações sobre esses encontros; o oitavo apresenta conclusões que auxiliarão os leitores na implementação das sugestões oferecidas ao longo do livro em suas atividades acadêmicas, além de sugestões importantes acerca da utilização dos instrumentos apresentados neste livro; por último, são apresentadas sugestões de leitura adicionais relacionadas ao tema.

O leitor encontrará, ao longo do texto, quadros explicativos que contêm definições de conceitos importantes para a compreensão das teorias e técnicas baseadas na Análise do Comportamento e utilizadas nos procedimentos sugeridos nesta obra.

Sumário

1

Definição e prevalência do TDAH

O TDAH é classificado, segundo o *Manual diagnóstico e estatístico de transtornos mentais* (DSM-IV-TR), como um padrão persistente de desatenção e/ou hiperatividade mais frequente e grave do que o observado comparando-se indivíduos de mesma faixa etária. O manual descreve que cerca de 3 a 5% das crianças em idade escolar apresentam TDAH, gerando grande preocupação entre professores e pais. São frequentemente crianças difíceis de lidar em casa e de ensinar na escola.

Com relação às taxas de **prevalência** de TDAH em crianças e adolescentes, há discrepância entre diferentes estudos. Essa diferença é atribuída normalmente a desenhos metodológicos próprios das pesquisas. Para determinar as taxas de prevalência do transtorno no Brasil, Pastura, Mattos e Araújo (2005) avaliaram, em uma amostra de escolares do Rio de Janeiro, a presença de TDAH associado a outras **comorbidades** psiquiátricas e observaram que a prevalência encontrada para o TDAH foi 8,6% com

> **Prevalência:** representa a proporção de pessoas com determinada condição de saúde em um dado momento e localidade.

> **Comorbidade:** é a ocorrência concomitante de transtornos ou doenças.

Transtorno desafiador--opositivo: caracteriza-se por um padrão recorrente de comportamento negativista, desafiador, desobediente e hostil em relação a figuras de autoridade, que persiste por pelo menos seis meses.

População clínica: é composta por aqueles que buscam determinado atendimento de saúde.

comorbidades em 58% dos casos, das quais a mais prevalente foi o **transtorno desafiador--opositivo**, encontrado em 38,5% do total. Esses autores concluem que as taxas de prevalência do TDAH e suas comorbidades nas amostras pesquisadas assemelham-se àquelas observadas em outros estudos da literatura internacional. De acordo com o DSM-IV-TR, o transtorno é mais frequente no sexo masculino, sendo que as proporções masculino-feminino variam de 4:1 a 9:1, dependendo do contexto (isto é, população geral ou **população clínica**). O DSM-5 ressalta ainda que sua prevalência, ocorrendo em diferentes culturas, está em torno de 5% em crianças e 2,5% em adultos.

Na última edição do DSM (DSM-5) lançada em 2013, o TDAH está dentro do grupo de transtornos do neurodesenvolvimento. Estes são definidos, então, como um grupo de condições que se manifestam precocemente durante o período de desenvolvimento. Frequentemente, tais condições surgem antes do período de ingresso da criança na escola e são caracterizados por prejuízos diversos que comprometem esferas ocupacionais, pessoais, sociais e acadêmicas. O espectro de prejuízos do desenvolvimento presentes nesses transtornos vai desde limitações específicas de aprendizado e controle executivo a prejuízos globais de habilidades sociais e inteligência. Especificamente o TDAH caracteriza-se por prejuízos associados à desatenção, desorganização e/ou hiperatividade e impulsividade.

O TDAH não está associado à **deficiência intelectual**, mas compromete habilidades de direcionamento e manutenção da atenção para que se execute ou conclua determinada tarefa. Como resultado disso, de modo geral, muitas crianças e adolescentes com TDAH podem apresentar um desempenho escolar desfavorável que, se não é detectado a tempo, pode causar grandes lacunas acadêmicas, que prejudicarão as séries posteriores e causarão baixa autoestima, além de aumentar a chance da ocorrência de comorbidades na adolescência.

Deficiência intelectual: é caracterizada por limitações significativas tanto no funcionamento intelectual quanto no comportamento adaptativo (habilidades sociais em atividades do dia a dia), às quais cobrem a maioria das atividades práticas e sociais cotidianas.

De acordo com o DSM-IV-TR existem três formas de manifestação do TDAH: com predomínio de desatenção, com predomínio de hiperatividade/impulsividade e aquela que é fruto da combinação das anteriores. A nova edição do DSM (DSM-5) chama essas manifestações de "apresentação", especificamente para ressaltar o caráter dinâmico dessas condições. O diagnóstico do TDAH é realizado clinicamente, baseando-se no histórico e na gravidade da queixa, além de sua persistência, não existindo exames laboratoriais para o seu diagnóstico. As características do TDAH podem ser, em menor grau, comuns a muitas pessoas, o que aumenta a necessidade de diálogo com todas as partes envolvidas: criança, família, escola. Existem algumas dificuldades com relação à caracterização e formalização do diagnóstico, pois muitas delas decorrem da existência de comorbidades, além das dificuldades de caracterização socioambiental, familiar e cultural, exigindo que a avaliação dos sinais seja realizada por uma equipe interdisciplinar.

TDAH: caracteriza-se por uma tríade sintomatológica na qual pode haver presença de desatenção, hiperatividade e impulsividade.

O DSM-IV-TR estabelece vários critérios diagnósticos para o TDAH cujas especificidades são mantidas no DSM-5. No tocante à desatenção, estabelece que seis (ou mais) dos seguintes sintomas tenham sido observados por pelo menos seis meses, inconsistentes com o nível de desenvolvimento, causando prejuízos na sua adaptação ao ambiente: a) frequentemente deixa de prestar atenção a detalhes ou comete erros por descuido em atividades escolares, de trabalho ou outras; b) com frequência tem dificuldades para manter a atenção em tarefas ou atividades lúdicas; c) com frequência parece não escutar quando lhe dirigem a palavra; d) com frequência não segue instruções e não termina deveres escolares, tarefas domésticas ou deveres profissionais (não devido a comportamento de oposição ou incapacidade de compreender instruções); e) com frequência tem dificuldade para organizar tarefas e atividades; f) com frequência evita, antipatiza ou reluta a envolver-se em tarefas que exijam esforço mental constante (como tarefas escolares ou deveres de casa); g) com frequência perde coisas necessárias para tarefas ou atividades (por exemplo, brinquedos, tarefas escolares, lápis, livros ou outros materiais); h) É facilmente distraído por estímulos alheios à tarefa; i) Com frequência apresenta esquecimento em atividades diárias.

Já em relação à hiperatividade e à impulsividade, estabelece que seis (ou mais) dos seguintes sintomas tenham persistido por pelo menos seis meses, em grau mal-adaptativo e inconsistente com o nível de desenvolvimento:

- para hiperatividade – a) frequentemente agita as mãos ou os pés ou se remexe na cadeira; b) frequentemente abandona sua cadeira na sala de aula ou em outras situações nas quais se espera que permaneça sentado; c) frequentemente corre ou escala em demasia, em situações nas quais isso é inapropriado (em adolescentes e adultos, pode estar limitado a sensações subjetivas de inquietação); d) com frequência tem dificuldade para brincar ou se envolver silenciosamente em atividades de lazer; e) está frequentemente "a mil" ou muitas vezes age como se estivesse "a todo vapor"; f) frequentemente fala em demasia;
- para impulsividade – g) frequentemente dá respostas precipitadas antes de as perguntas terem sido completadas; h) com frequência tem dificuldade de aguardar sua vez; i) frequentemente interrompe ou se mete em assuntos de outros (por exemplo, na escola ou no trabalho e em casa).

« Há três apresentações do transtorno dependendo da frequência e da ocorrência dos sinais de desatenção, hiperatividade e impulsividade: predominantemente desatento, hiperativo-impulsivo e combinado. »

2

Conceitos gerais da Análise do Comportamento

O histórico da ciência da **Análise do Comportamento** remete-se às décadas de 1930 e 1940 do século XX com os trabalhos de B. F. Skinner sobre os processos básicos da aprendizagem. Assim, a Análise do Comportamento deve ser compreendida como uma linguagem ou teoria da psicologia cuja formulação inicial se deve a Skinner. Estuda de forma científica as interações das ações de um organismo vivo e o meio físico e social. Tais interações são chamadas de comportamento.

> **Análise do Comportamento:** é uma linguagem ou teoria da psicologia que estuda de forma científica as interações das ações de um organismo vivo e o meio físico e social.

Naquela época, a maior parte desses procedimentos e processos básicos foi desenvolvida e testada dentro da **Análise Experimental do Comportamento** (AEC). Sendo, desse modo, uma das maneiras de se fazer a Análise do Comportamento, caracteriza-se por buscar relações constantes ou funcionais entre a ação do organismo vivo e o meio ambiente, que possam ser demonstradas experimentalmente.

> **Análise Experimental do Comportamento:** busca relações constantes ou funcionais, demonstradas experimentalmente, entre a ação do organismo vivo e o meio ambiente.

Behaviorismo radical: é a filosofia da Análise do Comportamento. Trata de questões relativas à definição do objeto e do método da psicologia, e fundamenta toda uma maneira de se trabalhar com o comportamento.

Com o desenvolvimento da AEC e do próprio **behaviorismo radical** no seu *status* de filosofia da ciência, surge e se robustece a Análise do Comportamento, que se constitui em um campo de saber que permite aplicar métodos analítico-comportamentais em áreas muito diversificadas relacionadas ao comportamento humano em diferentes contextos, inclusive na avaliação e no tratamento do TDAH.

Comportamento operante: refere-se à ação do organismo vivo que opera sobre o ambiente, modificando-o.

A Análise do Comportamento considera a interação do organismo com o ambiente no qual ele está inserido, considerando o comportamento como ação que produz consequências, o que é denominado **comportamento operante**. Essa definição refere-se à ação do organismo vivo que, em determinada circunstância, opera sobre o ambiente, modificando-o. Por exemplo, se o resultado dessa operação for a mudança da ação, no sentido de diminuir, aumentar ou manter sua ocorrência, fala-se em comportamento operante. Além desse tipo de comportamento, há também o **comportamento respondente ou reflexo** que se trata de uma reação específica de um organismo vivo sadio a determinado estímulo ambiental. Pode ser garantida pela estrutura biológica (reflexos incondicionados) ou aprendida em função de associação de estímulos (reflexos condicionados).

Comportamento respondente ou reflexo: reação específica de um organismo vivo, garantida pela estrutura biológica (reflexos incondicionados) ou aprendida em função de associação de estímulos (reflexos condicionados).

As consequências, no comportamento operante, retroagem sobre o comportamento, aumentando (nos casos dos procedimentos de **reforço positivo** ou **reforço negativo**) ou diminuindo (no caso dos procedimentos de **extinção, punição positiva** e **punição negativa**) sua probabilidade de ocorrência no futuro.

Assim, reforço positivo é qualquer consequência produzida por uma ação em determinada situação, que aumente sua probabilidade de ocorrência no futuro. Quando se pode verificar esse aumento, fala-se que há uma relação funcional entre ação e consequência. Caso uma ação deixe de ocorrer em função do não aparecimento de reforçadores positivos, diz-se que houve um processo de **extinção** do comportamento. Por outro lado, o **reforço negativo** refere-se ao desaparecimento ou evitação de uma situação aversiva ou desagradável em função da ação de um organismo vivo. Se tal comportamento volta a ocorrer, fala-se que há uma relação funcional entre este e tal consequência.

Além dos reforçadores, é possível que haja consequências aversivas ou desagradáveis que, relacionadas a uma ação, faz que esta diminua sua frequência de ocorrência, esse processo é chamado de **punição positiva**. Por outro lado, quando há retirada de reforçadores positivos, causando uma diminuição das ações relacionadas a esta retirada, diz-se que houve uma **punição negativa**.

A suscetibilidade às consequências das próprias ações dos organismos sobre o ambiente foi

Reforço positivo: qualquer consequência produzida por uma ação que aumente sua probabilidade de ocorrência no futuro.

Reforço negativo: aumento da frequência de respostas de modo a causar o desaparecimento ou evitação de uma situação aversiva ou desagradável em função da ação de um organismo vivo.

Extinção: procedimento pelo qual uma ação deixa de ocorrer em função do não aparecimento de reforçadores positivos.

Punição positiva: consequência aversiva ou desagradável que faz com que diminua sua frequência de ocorrência.

Punição negativa: retirada de reforçadores positivos, causando uma diminuição de comportamentos.

uma das características básicas do comportamento que possibilitou a Skinner entender a relação que o comportamento operante estabelece com o ambiente em função dos eventos que o antecedem e os que o seguem. Assim, controle de estímulos refere-se ao aparecimento frequente de determinada ação na presença de certo estímulo antecedente, o que não ocorre na presença de outro estímulo.

> **Controle de estímulo:** refere-se ao aparecimento frequente de certa ação na presença de certo estímulo antecedente.

> **Antecedentes:** situações nas quais se um comportamento for apresentado terá maior probabilidade de ser reforçado.

Controles de estímulos antecedentes e consequentes permitem prever e manejar, em termos probabilísticos (tendência maior ou menor de um organismo apresentar determinado comportamento) e funcionais (relações constantes entre quatro elementos: a situação na qual um comportamento ocorre; o próprio comportamento; a consequência por ele produzida; e seu efeito no aumento da probabilidade da mesma ação ocorrer no futuro), a manutenção, o aumento, a diminuição ou a extinção de comportamentos.

> **Contingência:** refere-se às relações funcionais entre situação, comportamento, consequência e efeito desta última sobre a ação.

O manejo dos antecedentes e das consequências do comportamento demanda a consideração de outro conceito essencial da Análise do Comportamento. Trata-se do termo **contingência**, no sentido de probabilidade de ocorrência de um evento comportamental que poderá ser afetado por outros eventos. A ocorrência de consequência depende da ocorrência de **resposta**. Assim, por exemplo, um aluno que grita, anda entre as carteiras e conversa frequentemente com os colegas, pode ter tais ações

> **Resposta:** ação de um organismo vivo que, quando mantida por uma consequência, é chamada de operante. Quando a ação decorre apenas de um estímulo antecedente é chamada de reflexa.

mantidas pela atenção dada pelo professor. Nesse caso, todas essas respostas, **topograficamente** diferentes, são funcionalmente semelhantes e, assim, podem ser agrupadas sob uma categoria de análise identificada pela palavra hiperatividade. Desse modo, uma consequência contingente a uma ação emitida em uma determinada situação pode alterar a probabilidade de ocorrência de uma ação futura em situações semelhantes.

Topografia: a forma de um determinado comportamento.

A noção de probabilidade é importante, uma vez que se parte do princípio de que o ambiente e o próprio organismo se modificam. O analista do comportamento busca a identificação de contingências que determinam um conjunto de comportamentos, sejam eles do professor, dos alunos ou de outras pessoas envolvidas no processo de ensino e aprendizagem.

Na verdade, em termos conceituais, operantes se manifestam como **classes de ações** das quais uma resposta é um **caso**. São sempre os casos que são contados ao determinar a frequência, da qual se infere a probabilidade de resposta. Todos esses casos ou respostas possuem uma propriedade em comum: produzem o mesmo tipo de consequência. O que se observa são eventos ocorrendo em uma relação constante, por exemplo, gritar e ser chamado à atenção, e, dessa constância, infere-se uma relação funcional. O comportamento é adquirido e mantido em função das consequências que produz e a funcionalidade inferida da

Classes de ações: conjunto de respostas adquiridas e mantidas, isto é, aprendidas, em função de uma mesma consequência.

Caso: uma ação que faz parte de uma classe.

constância observada. Por exemplo, conversar constantemente com os colegas e andar sistematicamente pela sala, embora topograficamente diferentes, podem ser, do ponto de vista funcional, comportamentos semelhantes, uma vez que podem estar sendo mantidos por reforçamento positivo. Já um comportamento como brigar com o colega pode ser diferente do ponto de vista funcional, na medida em que pode estar sob o controle da produção de reforçadores positivos (por exemplo, atenção do professor) ou da remoção de situações aversivas (por exemplo, o colega não mais mexer em seu material). Assim, a topografia de um comportamento não é suficiente para explicá-lo. Como será visto neste trabalho, este é um ponto fundamental para muitas das estratégias que um professor pode aplicar em sala de aula para manejar dificuldades comportamentais associadas ao TDAH.

Propriedades discriminativas: partes de uma situação antecedente que fazem o organismo vivo emitir uma ação.

É fundamental que se considere a ação do ambiente ao se estudar um comportamento emitido por um organismo, sem compará-lo a outros, mas só consigo mesmo.

Tríplice contingência: conjunto dos três elementos (antecedente, comportamento e consequente) que compõem as relações funcionais entre a ação do organismo vivo e o ambiente.

Quando operantes são reforçados, eventos presentes que antecedem esse tipo de comportamento podem adquirir **propriedades discriminativas** e passar a controlar respostas futuras. Assim, para compreender as interações entre ambiente e organismo, considerar-se-ão três aspectos: a ocasião na qual ocorreu a resposta, a própria resposta e as consequências reforçadoras (**tríplice contingência**).

Skinner chama essas relações de contingências de reforçamento. O ambiente e o comportamento não são eventos separados, há interação de ambos. Desse modo, a perspectiva skinneriana é **interacionista**, uma vez que analisa o comportamento como resultado da determinação recíproca entre uma ação emitida em certa situação e a consequência que produz. Assim, quando da consideração das características que definem o TDAH, conforme visto anteriormente, é preciso levar em conta as contingências que produzem determinados comportamentos tidos como característicos da hiperatividade ou que se referem à ausência de classes de respostas esperadas em uma sala de aula e que indicariam atenção por parte dos alunos. É fundamental entender as características do TDAH para pensar nas particularidades dessa relação.

Conforme afirma Skinner, **esquemas de reforçamento intermitente** (que podem ser vários, como por exemplo, por intervalo, por frequência) geram maior manutenção do comportamento do que o **reforçamemento contínuo**, quando todas as respostas são reforçadas. Nesse sentido, um comportamento como levantar de forma sistemática da carteira, frequentemente observado em crianças e adolescentes com TDAH, pode ser mais resistente à extinção se for reforçado de forma intermitente.

O **comportamento governado por regras** é outro conceito fundamental da abordagem comportamental, sobretudo para explicitar processos

Interacionista: relação de determinação recíproca entre comportamento e ambiente.

Esquema de reforçamento intermitente: interações entre comportamento e ambiente, nas quais o reforçamento não aparece de forma contínua, relacionado a uma ação.

Esquema de reforçamento contínuo: interações entre comportamento e ambiente, nas quais o reforçamento aparece de forma constante, relacionado a uma ação.

Comportamento governado por regras: enunciados verbais que descrevem contingências.

sociais, entre eles os escolares. Tratam-se de enunciados verbais que descrevem contingências, ou seja, sinalizam a possibilidade maior ou menor reforçamento em função do comportamento de segui-las ter sido ou não reforçado no passado. Funcionando como **estímulo discriminativo**, uma regra é eficaz como parte de um conjunto de contingências de reforço, devendo-se incluir também o reforço que modelou a topografia da resposta e colocou-a sob o controle do estímulo. Os reforços contingentes à estimulação anterior às regras são, às vezes, os mesmos que modelam diretamente o comportamento.

Estímulo discriminativo: situação antecedente na qual se uma ação for emitida, será reforçada.

Do ponto de vista da Análise do Comportamento, o termo comportamento verbal, que descreve regras, foi introduzido para demonstrar que a linguagem é um comportamento **modelado** e mantido por consequências sociais e não uma propriedade que alguém possua, sendo que, para que haja um comportamento verbal, é necessário um falante e um ouvinte, isto é, o chamado **episódio verbal**. Comportamento verbal é o enunciado estabelecido pelas pessoas que fazem parte de uma mesma comunidade; contém a descrição de contingências que, para aquela comunidade, devem controlar o comportamento de seus indivíduos; representa a cultura historicamente constituída e acumulada de um povo.

Modelagem: processo pelo qual um comportamento é aprendido em função de reforçamento diferencial de aproximações sucessivas.

Episódio verbal: interação verbal entre duas pessoas (enunciados).

O comportamento verbal de uma pessoa depende da cultura na qual ela está inserida para que exista **reforçamento**. Há necessidade de que o outro consiga compreender o que está sendo verbalizado. O ser humano se comporta, na maior parte do tempo, de forma verbal, o que caracteriza uma ação indireta no ambiente, tendo seu primeiro efeito nas pessoas. Pensar, imaginar, lembrar etc. são exemplos de **comportamentos verbais do tipo encoberto** que só são acessados pelo próprio sujeito.

As considerações sobre comportamento verbal feitas neste trabalho são importantes porque a intervenção utilizando o Guia visou ao estabelecimento de regras verbais entre o pesquisador e o professor, que, por sua vez, utilizou-as em sala de aula, conforme especificado na discussão dos resultados.

Reforçamento diferencial: reforçamento de comportamentos selecionados em detrimento de outros que se quer extinguir.

Comportamento verbal do tipo encoberto: enunciados que são apenas observáveis pela pessoa que os emite.

3

TDAH, educação e Análise do Comportamento

A maior queixa dos professores é o fato de o aluno com TDAH não conseguir ficar sentado e quieto, prestar atenção, terminar os trabalhos ou responder quando solicitado. Esses comportamentos associam-se a uma diminuição no desempenho escolar. Muitos desses alunos também são excluídos socialmente, já que costumam apresentar, por exemplo, dificuldade de aprender as regras de um jogo ou esperar a sua vez. São alunos impulsivos verbalmente e não consideram os efeitos de suas palavras. Essa rejeição social, associada a um baixo desempenho escolar, podem afetar sua autoestima.

Ao se pensar em dificuldade de aprendizagem é necessário pensar em termos de **multicausalidade**. Isso significa que devem ser consideradas características específicas da própria pessoa, questões familiares como incentivo e participação dos pais, características específicas da escola, práticas pedagógicas, espaço físico, projeto político pedagógico, formação do professor, equipe técnica de apoio, entre outros.

Multicausalidade: determinação de uma ocorrência por um conjunto de variáveis e não apenas por um único fator.

Ao considerar os pressupostos da Análise do Comportamento, as dificuldades escolares passam a ser analisadas não apenas como características cognitivas do aluno, mas a partir das contingências ambientais, sendo as dificuldades de aprendizagem frutos da relação entre indivíduo e ambiente. O professor, conhecendo as possibilidades do aluno em termos comportamentais, leva-as em consideração ao planejar as condições para uma aprendizagem eficiente e sem dificuldades desnecessárias ao aluno.

Manejos funcionais de contingências: manipulações das interações operantes.

Um dos livros que com maior nitidez destacou a necessidade de arranjos ou **manejos funcionais de contingências**, que fossem compatíveis com o desenvolvimento de habilidades de aprendizagem, foi escrito por Skinner. Trata-se da obra *Tecnologia do ensino*, publicado originalmente em 1968. Nela ressalta-se que professor em sala de aula é responsável pelo planejamento de situações que possibilitem a emissão de comportamentos adequados ao ambiente escolar, assim como pelas consequências desses comportamentos.

« De acordo com Skinner (1969), ensino é o arranjo das contingências de reforço que acelera a aprendizagem. »

Em outro trabalho, publicado em 1969 e denominado *Contingências do reforço: uma análise teórica*, Skinner reitera sua compreensão da educação como manejo comportamental. Para ele, ensino é o arranjo das contingências de reforço que acelera a aprendizagem. Um aluno poderá aprender de forma mais eficiente sob condições favoráveis. Anteriormente, Skinner já havia definido, em 1953, a educação como o estabelecimento de comportamentos que serão vantajosos para o indivíduo e para outras pessoas no futuro. A educação destaca a aquisição de comportamento em vez de sua manutenção, preparando o indivíduo para situações que ainda não surgiram.

Os reforçadores utilizados pelas **agências educacionais** são boas notas, promoções, diplomas, entre outros; todos estão associados ao reforçador generalizado da aprovação. Devido aos efeitos prejudiciais causados pela punição, outras formas de controle têm se desenvolvido na instituição escolar por meio da melhoria dos recursos materiais e didático-pedagógicos. Os **reforçadores condicionados** da agência educacional, segundo Skinner, podem ser mais eficientes se houver relação com as contingências naturais, ou seja, interações que são mantidas por consequências diretamente relacionadas à ação de um indivíduo, que surgirão mais tarde. O reforço é substituído pelo bom desempenho do aluno, que é reforçador por si mesmo. Embora seja necessário desenvolver materiais que facilitem o aprendizado, deve-se também dar oportunidade para que o aluno aprenda de modo natural, isto é, que as consequências que produz sejam resultado direto de seu comportamento e não apenas de **instruções verbais**.

Além de transmitir o saber, a instituição educacional faz o aluno pensar, estabelecendo repertórios comportamentais desejados que permitam

Agência educacional: instituição social que tem por função garantir a aprendizagem dos conhecimentos produzidos por uma comunidade ou cultura.

Reforçadores condicionados: consequências que adquirem o poder de controlar uma ação em função de associação com reforçadores incondicionados, isto é, de origem biológica.

Instrução verbal: comportamento que serve como antecedente ou estímulo discriminativo para a emissão de um determinado comportamento.

ao aluno a manipulação de variáveis que gerem soluções de problemas, e que é fundamental em outras ocasiões futuras. Isso é o **autocontrole.**

Autocontrole: contingências estabelecidas por um indivíduo para controlar o seu próprio comportamento.

Cabe ao professor alterar seus comportamentos como condição para produzir mudanças comportamentais no aluno, estabelecendo quais mudanças relevantes quer obter. Esses objetivos dizem respeito ao conhecimento que quer transmitir e a quais comportamentos devem ser implementados, de modo a desenvolver autonomia. Isso cria os parâmetros necessários para avaliar o desenvolvimento do aluno e a eficácia das técnicas de ensino utilizadas. É função do professor planejar as contingências instrucionais, dispostas na forma de procedimentos de ensino, sob as quais os alunos aprendem, possibilitando uma aprendizagem prazerosa e produtiva, sem práticas aversivas.

Além de saber descrever as contingências, os professores precisam ter o poder de alterá-las ou prevê-las. Falar em arranjo de contingências é falar em planejamento de ensino, o que exige clareza das mudanças comportamentais que se quer obter. Devem ser evitadas estratégias de modificação de comportamento do aluno com base no controle aversivo, o que pode, muitas vezes, gerar **contracontrole** por parte do aluno e seu desengajamento das atividades escolares. Um ensino assistemático impede que o professor perceba as suas próprias falhas, inviabilizando possíveis mudanças, o que levará inevitavelmente

Contracontrole: comportamento relacionado à fuga ou eliminação de contingências aversivas ou punitivas.

à culpabilização do aluno. No caso específico do TDAH, compete ao professor desenvolver estratégias de ensino, fomentando ativamente condições para o aprendizado, manejando contingências e reforçando comportamentos compatíveis com os objetivos escolares.

A aprendizagem é influenciada tanto pelas contingências ambientais quanto pelas características do aluno. Para facilitar esse processo, o importante não é fornecer ao professor um conjunto de procedimentos, e sim levá-lo a entender, por meio da análise de contingências, os fundamentos, possibilidades e limites de tais procedimentos. Por exemplo, o professor deve conhecer os limites dos **controles aversivos**, bem como as características de um procedimento de modelagem, fazendo que esteja sempre atento aos comportamentos dos alunos. O professor também deve propor e executar procedimentos de ensino que garantam a manutenção do comportamento do aluno por meio do planejamento de contingências e de reforçamentos ou recompensas naturais intrínsecas ao próprio ato de ensinar, por exemplo, elogios em sala de aula.

O professor, sempre que possível, deve identificar e estimular no aluno padrões de comportamento que sejam compatíveis com repertórios apropriados ao contexto escolar, sobretudo aqueles envolvidos na aprendizagem acadêmica. Alguns transtornos da infância e da adolescência

Controles aversivos: interações entre organismo vivo e ambiente pelas quais o comportamento deixa de ocorrer em função de punição positiva ou negativa.

« Um professor capacitado pode manejar diversas variáveis do contexto escolar para diminuir a frequência dos comportamentos característicos do TDAH. »

podem ter associados repertórios comportamentais que causam prejuízos na situação de aprendizagem escolar, por exemplo, a desatenção e a hiperatividade. Quando uma criança ou um adolescente apresenta um quadro de TDAH, um professor capacitado pode manejar diversas variáveis do contexto escolar para diminuir a frequência dos comportamentos característicos desse transtorno e aumentar ou instalar classes de comportamentos relacionadas à atenção e ao estudo em geral.

> « No contexto escolar devem ser instalados comportamentos que auxiliem a aprendizagem. »

O professor deve prestar atenção àqueles padrões de resposta do aluno que são compatíveis com os repertórios que a escola se propõe a ensinar, e manejar antecedentes e consequências relacionados a tais repertórios. No contexto escolar, devem ser controlados fatores que propiciem comportamentos que auxiliem a aprendizagem. Espera-se que outros comportamentos incompatíveis com a situação de apreender tenham menor probabilidade de ocorrência. Em muitos transtornos da infância e da adolescência, os sintomas são problemas comportamentais, e estes podem enfraquecer e concorrer com respostas de aprendizagem escolar, como a desatenção e a hiperatividade.

Na verdade, quando se fala em desatenção está se falando de comportamentos incompatíveis (por exemplo, desviar o olhar do professor durante a explicação, correr ou andar pela sala, entre outros) com uma classe de respostas que normalmente é chamada de atenção. Como se entende atenção na perspectiva comportamental?

Para Skinner, a **atenção** refere-se a uma classe de respostas sob controle de determinados aspectos do ambiente. Em outras palavras, é um comportamento necessário para responder apenas a certos aspectos escolhidos, sendo um bom exemplo de comportamento preliminar que deve ser ensinado e que mostra a diferença entre deixar o estudante descobrir as técnicas de aprendizagem por si só e formar o aluno para o autogoverno. Nesse sentido, o ensino consiste em arranjar contingências de modo apropriado para permitir ao aluno discriminar aspectos selecionados que serão utilizados para a aprendizagem. Direcionar a atenção para algo como forma de autogoverno é responder a algo de modo que o comportamento seguinte tenda a ser reforçado. Outra forma de encaminhar a atenção para determinados estímulos, para que se possa responder de modo mais eficaz, é construir estímulos suplementares, por exemplo, apontando as palavras que estão sendo lidas.

« A atenção é um comportamento necessário para responder apenas a certos aspectos escolhidos. Esse comportamento deve ser ensinado, formando a pessoa para o autogoverno. »

Em uma análise operante, o estudante precisa agir antes para que possa ser reforçado. Mas, é praticamente impossível que o professor simplesmente espere a ocorrência do comportamento para reforçá-lo. Ele deve induzir o aluno a agir, sempre com muito cuidado. O professor deve tentar descobrir o que o aluno ganha ao estudar.

A dificuldade com as vantagens posteriores é a de que elas só vêm muito depois, sendo difícil sua utilização durante o processo escolar como reforçadores.

Para melhorar o ensino é menos importante encontrar novos reforçadores do que planejar melhores contingências usando os reforçadores já disponíveis. Naturalmente, o reforço imediato e consistente é desejável, porém isso não contraria a importância dos reforçadores intermitentes ou remotos. A **instrução programada** é um esquema para fazer bom uso dos reforçadores disponíveis, não só na modelagem de novos comportamentos, mas também na manutenção de determinados comportamentos existentes.

> **Instrução programada:** planejamento das contingências pelas quais um indivíduo aprende.

O reforçamento frequente pode levantar outros problemas se for reduzido o poder reforçador do professor. No entanto, os reforçadores automáticos (ou naturais) de estar certo e de ir adiante são sempre eficazes. Na análise do ensinar, a palavra contingência tem sido menos utilizada que a palavra reforçamento, o que ocorre, conforme mencionamos, se a resposta, ao ser seguida por uma consequência, tem sua frequência aumentada. Os comportamentos são modificados em contato com o ambiente. As consequências podem ser **naturais** ou **artificiais**, sendo que as primeiras têm efeitos mais fortes e duradouros sobre o comportamento. Isso justifica que, na educação, sejam priorizadas as consequências

> **Reforçadores naturais:** consequências inerentes à própria atividade realizada pelo sujeito, que no caso da educação seria, por exemplo, o aprender.

> **Reforçadores artificiais:** consequências externas a uma atividade, planejadas para serem contingentes à ocorrência de um comportamento desejado.

naturais, e exige análise das atividades e tarefas, além de conhecimento do repertório comportamental da pessoa com a qual se está trabalhando. É necessário substituir gradualmente reforçadores artificiais por reforçadores naturais.

No caso específico de crianças e adolescentes com TDAH, o curso crônico do transtorno torna o comportamento dessas pessoas sensível a diversas variáveis ambientais, muitas das quais são também provenientes do ambiente familiar, o que reforça a importância do treino parental e do manejo de diversas variáveis que, ao serem trabalhadas de maneira adequada, contribuem favoravelmente para a melhora de sinais de desatenção e hiperatividade. Entretanto, sabe-se que muitas dessas melhoras acabam não sendo generalizadas a outros ambientes, por exemplo, a escola, sem a implementação de outras medidas de controle em sala de aula. Sabe-se que o uso de muitos dos procedimentos da Análise do Comportamento podem reduzir a frequência de comportamentos de desatenção e hiperatividade e aumentar ou instalar outros que melhorem seu desempenho acadêmico e favoreça a qualidade das relações sociais.

> «
> O uso de muitos dos procedimentos da análise do comportamento pode reduzir a frequência de comportamentos de desatenção e hiperatividade e aumentar ou instalar desempenhos acadêmicos e sociais mais satisfatórios.
> »

> «
> Incentivos aliados à clara delimitação de regras são continentes e modeladores auxiliares do conteúdo escolar, funcionando, nesse caso, como contingências que aumentam a probabilidade de o aluno estudar.
> »

Como possíveis fontes de controle, deve haver coerência entre regras e contingências para que o efeito das regras não seja o oposto do desejado, embora seu poder possa se sobrepor ao das contingências, haja vista que somos uma sociedade verbal. Ao falar em casa que, hoje em dia, estudar "não dá futuro", os pais reforçam o comportamento de não estudar da criança ou do adolescente, por mais que estes sejam cobrados a estudar. Nas condições consequentes, os pais devem evitar as consequências aversivas em prol do reforçamento positivo, como elogios sinceros e imediatos, pois o objetivo é ensinar e não eliminar algo. Incentivo aliado à clara delimitação de regras, além de disposição de serem continentes e modeladores auxiliares do conteúdo escolar, são contingências que aumentam a probabilidade de o aluno estudar. Especialmente no caso do TDAH, ressalta-se que o sucesso das intervenções no campo educacional depende do grau de envolvimento da família, dos professores, da escola e do próprio estudante.

« Comportamento é interação. O professor deve desvendar essa interação e mudar o ambiente visando modelar o comportamento. »

A análise dos aspectos filosóficos e conceituais da Análise do Comportamento, assim como a perspectiva skinneriana da educação, traz uma série de considerações de ordem teórico-metodológica para o presente livro, as quais serão apresentadas a seguir.

De acordo com o que vimos até aqui, comportamento é interação. Cabe, pois, ao professor desvendar a interação comportamento-ambiente e saber que, ao mudar o ambiente, poderá modelar o comportamento do aluno. Já que este livro pretende elaborar um programa de ensino para professores lidarem com sujeitos identificados com TDAH, faz-se necessário a explicitação dos passos básicos da Análise do Comportamento que referenciam propostas de atuação profissional na escola.

A análise funcional exige que um comportamento seja considerado em função da contingência. Primeiro, é preciso definir qual será o objeto da observação, isto é, o que o organismo está fazendo; em seguida, devem-se avaliar quais mudanças ambientais estão sendo produzidas pela ação, ou seja, suas consequências, as quais retroagem no organismo, modificando-o; finalmente, devem-se investigar as condições antecedentes que se tornaram relevantes por se associarem a diferentes probabilidades de reforço. A topografia é importante, porém é apenas um passo inicial na Análise do Comportamento. A abordagem analítico-comportamental caminha para um sistema classificatório funcionalista, buscando encontrar regularidades funcionais para comportamentos tipicamente abordados pela psicopatologia.

« No contexto escolar, deve-se considerar o manejo de eventos antecedentes e o fornecimento de consequências após a ocorrência de comportamentos esperados para o processo de aprendizagem. »

A Análise do Comportamento aplicada ao contexto escolar deverá considerar intervenções que envolvam prioritariamente o manejo de eventos antecedentes e o fornecimento de consequências adequadas após a ocorrência de comportamentos esperados no ambiente escolar. Os ambientes escolares que não estabelecem procedimentos adequados de controle de estímulos antecedentes e consequentes em relação às respostas do aluno contribuem para processos de aprendizagem que não atingem os objetivos preestabelecidos.

Para analisar a complexidade de fatores imbricados em problemas de comportamentos típicos de alguns transtornos como o TDAH, os analistas do comportamento utilizam um recurso denominado análise funcional do comportamento. Tal recurso trata-se de um processo mediante o qual são verificadas possíveis relações funcionais entre o comportamento emitido pelo indivíduo e fatores do ambiente que mantêm, aumentam ou diminuem um comportamento, sendo a observação sistemática dessas relações o método mais importante. A Análise do Comportamento pressupõe que a pessoa deve ser comparada a ela mesma, o que leva ao estudo de um sujeito único. Embora o manual de classificação diagnóstica e estatística de transtornos mentais (DSM-IV) estabeleça comparações de sintomas em termos de frequência e intensidade entre uma pessoa e outros indivíduos de uma população tida como normal; a Análise do Comportamento recomenda fazer comparações de um sujeito com ele mesmo. Essa comparação deve ser feita em função do efeito que as mudanças ambientais podem ter sobre o comportamento do sujeito. Todavia, para assegurar o diálogo com as demais áreas do conhecimento envolvidas na compreensão do TDAH, neste trabalho, por vezes, será utilizado o termo diagnóstico conforme o DSM-IV,

« Um comportamento, por mais incoerente que possa parecer, mantém-se em função de sua utilidade para o organismo. »

sem perder a perspectiva da Análise do Comportamento descrita anteriormente.

Cabe verificar o conceito de transtorno, que nos remete a algo que está fora da ordem. Se a ordem de um comportamento não foi ainda descrita, isso não significa que ele não seja ordenado. Para a Análise do Comportamento, um comportamento, por mais incoerente que possa parecer, mantém-se no repertório em função de sua utilidade para o organismo. Essa concepção é incompatível com o conceito de transtorno, que também traz a noção de não adaptação ou inadequação de desordem, pois todo comportamento obedece a leis. O reconhecimento da parcela biológica como causa do comportamento não exclui a interação com o ambiente como sua parte determinante. Feitas essas considerações, neste trabalho utiliza-se a expressão transtorno, compreendendo-a como um padrão comportamental multiderminado que pode se tornar incompatível com demandas do ambiente escolar e familiar.

Deve-se ter cuidado com a utilização que se faz do DSM-IV como instrumento diagnóstico e norteador isolado de ações terapêuticas. No entanto, sua importância reside na possibilidade de diálogo que permite entre vários profissionais. A questão é que a utilização das descrições contidas no DSM-IV não pode implicar adesão exclusiva ao modelo diagnóstico. Deve-se reconhecer que condições orgânicas atípicas interferem no processo de aprendizagem, pois é na relação do sujeito, que possui uma determinada estrutura biológica, com o ambiente em que esse processo ocorre. Todavia, deve-se tomar muito cuidado com os rótulos diagnósticos que tendem a creditar exclusivamente ao sujeito o fato da não aprendizagem. O que está em questão não é a existência de um transtorno, mas as consequências que um diagnóstico pode gerar. A nomeação de transtornos ajuda profissionais a trocarem experiências sobre o assunto mediante agrupamentos feitos a partir de semelhanças topográficas entre os comportamentos, sem considerar cada caso. É importante ressaltar que, muitas vezes, os sujeitos reagem de forma distinta tanto a intervenções medicamentosas quanto às contingências ambientais. O diagnóstico não pode funcionar como pretexto para tirar a responsabilidade de outras partes envolvidas no processo: pais, escola, professor, entre outros.

A intervenção comportamental busca planejar contingências que:

1. Ajudem a superar déficits.
2. Desenvolvam repertório de autogerenciamento e autocontrole.
3. Aprimorem o controle por regras.
4. Aprimorem a capacidade de autoavaliação além da manutenção e generalização dos progressos obtidos.

A intervenção comportamental busca planejar contingências que facilitem determinadas aquisições comportamentais, buscando superar déficits nas áreas motora, cognitiva, social e pedagógica; desenvolver repertório de autogerenciamento e autocontrole; aprimorar o controle por regras; aprimorar a capacidade de autoavaliação da criança e do adolescente, elevando a sua autoestima; orientar pais e professores buscando a manutenção e a generalização dos progressos obtidos, inclusive após o término do processo. Ao se fazer a análise funcional do caso, a medicação é uma variável a ser examinada, considerando a estigmatização que a criança e o adolescente possam sofrer por tomar medicamentos ou por passar em um psiquiatra.

Diante das explanações acerca dos conceitos teóricos da Análise do Comportamento, percebe-se a importância e a influência destes no processo de observação de crianças e adolescentes com sinais de TDAH. Nota-se que há uma dinâmica nas relações estabelecidas, entre os mais diversos níveis, no âmbito escolar. Técnicas punitivas, reforçadoras, descrições topográficas, análises funcionais e variabilidade comportamental, entre outras, estão presentes em nossa sociedade, sendo que a temática estudada não foge à regra.

4

Avaliação e manejo de comportamentos de pessoas com TDAH

Com relação às práticas de atendimento do TDAH com base na Análise do Comportamento, estudos realizados nos últimos anos indicam que essas intervenções obtêm bons resultados na mudança de comportamento dos alunos, podendo refletir em melhora no desempenho educacional. Destaca-se ainda a importância da mudança ambiental. No contexto educacional, há necessidade de mudanças na perspectiva pedagógica para que se desenvolvam novas formas de intervenção. É fundamental, para isso, que haja uma medida de resultados, principalmente no que diz respeito a pais e professores, para a verificação de sua efetividade.

> « No contexto educacional, há necessidade de mudanças na perspectiva pedagógica para que se desenvolvam novas formas de intervenção. Nesse caminho, a Análise do Comportamento têm contribuições importantes. »

Outros estudos buscaram verificar os efeitos do treinamento comportamental e cognitivo com o aluno combinado com o treino de pais nos casos de TDAH, tendo por objetivo diminuir os problemas de comportamento e melhorar o desempenho acadêmico. Esses dois aspectos combinados ajudam na diminuição dos comportamentos indesejados, porém ainda contribuem pouco para a generalização do comportamento.

Ações multidisciplinares: precisam ser planejadas para lidar com alunos com TDAH uma vez que as estratégias multimodais de intervenção mostram maior eficácia.

Atualmente, **ações multidisciplinares** precisam ser planejadas para a avaliação e tratamento do TDAH uma vez que as estratégias multimodais de intervenção mostram maior eficácia. Tais estratégias combinam o uso de intervenções comportamentais e a utilização, quando necessária, de medicamentos. No caso da intervenção comportamental, citam-se, fundamentalmente, as estratégias baseadas na Análise do Comportamento, como treino de professores, treino de pais, treino familiar para solução de problemas, técnicas de modificação de comportamento, entre outras. A abordagem comportamental, nesse caso, concentra-se basicamente no manejo de eventos ambientais controladores dos comportamentos incompatíveis com atenção (chamados aqui de desatenção), dos de hiperatividade/impulsividade, assim como outros comportamentos associados, como oposição e desafio.

« Práticas pedagógicas devem estabelecer estratégias para maximizar os comportamentos desejados pelo manejo de eventos antecedentes e da implementação de consequências por reforçamento positivo. »

Assim, intervenções escolares devem contar com estratégias para maximizar os comportamentos desejados por meio do manejo de eventos antecedentes, tais como modificar instruções ou o contexto de sala de aula, e da implementação de consequências por reforçamento positivo. Para ampliar o conhecimento dos professores sobre o TDAH, é recomendável que se ofereçam treinamentos que englobem palestras, vídeos, materiais de leitura breve, entre outros. O nível de conhecimento dos professores do ensino fundamental sobre TDAH possibilita a organização de intervenções pontuais que agem como estratégias, tanto pedagógicas quanto comportamentais, para melhorar o desempenho escolar dos alunos.

Após o treinamento é necessário apoio técnico ao educador no planejamento, implementação e acompanhamento, de modo a avaliar a execução de suas tarefas. Comprometimento e preparo do professor, apoio da escola e da família e o número de alunos em sala de aula são aspectos que interferem no resultado de seu trabalho. Um programa comportamental deve buscar ensinar às crianças e aos adolescentes um conjunto de habilidades e comportamentos adaptativos em substituição aos comportamentos tidos como inadequados, bem como avaliar o desempenho acadêmico, pois mudança de comportamento não significa melhora no desempenho acadêmico.

« Um programa comportamental deve buscar ensinar aos alunos habilidades e comportamentos adaptativos em substituição àqueles tidos como inadequados. »

Sobre a utilização da análise do comportamento em sala de aula, sugere-se:

1. Mesclar o uso de consequências artificiais com as naturais.
2. Evitar o uso de punição, uma vez que esta não garante a manutenção dos comportamentos adequados.
3. Reduzir comportamentos incompatíveis com aprendizado e instalar repertórios acadêmicos que antes não estavam presentes.

Um dos fatores de extrema importância para identificar sinais de desatenção e hiperatividade é a relação que se estabelece entre educador e aluno.

Entretanto, deve-se tomar muito cuidado em relação a alguns tipos de discursos sociais, principalmente na escola, de que alunos que não seguem as regras ou que não conseguem aprender no tempo e no espaço determinados pela instituição escolar muitas vezes são considerados hiperativos, mesmo sem a devida avaliação.

Como síntese sobre a utilização da Análise do Comportamento em sala de aula, os estudos, em geral, usam reforçadores arbitrários ou artificiais para a instalação de comportamentos desejados. No entanto, sabe-se que tais consequências têm pouca relação com a manutenção de comportamentos. Assim, deve-se pelo menos mesclar o uso de consequências artificiais com as naturais.

Estudos que analisam o papel da punição nos processos de intervenção com alunos indicam que a punição não garante a manutenção dos comportamentos adequados, seja porque estes últimos precisam ser aprendidos, seja porque, na ausência do controlador, os comportamentos punidos voltam a ocorrer, além do fato de que a punição pode gerar contracontrole, entre outras consequências.

Na perspectiva da Análise do Comportamento sabe-se que a instalação de repertórios acadêmicos, tarefa principal da escola, não se realiza apenas eliminando-se comportamentos relacionados à hiperatividade e desatenção. É preciso, pois, que os treinamentos de professores levem em conta a necessidade de ensiná-los a instalar repertórios acadêmicos.

Todos os aspectos supracitados foram considerados no momento em que foi discutida a intervenção junto aos professores para lidar com o TDAH.

5

Observação comportamental em sala de aula

Para o estabelecimento de procedimentos de intervenção, faz-se necessário *a priori* que se observem em sala de aula os comportamentos considerados incompatíveis com a aprendizagem relacionados ao TDAH. Assim, estabeleceu-se um protocolo de observação sistemática de comportamentos em sala de aula de acordo com padrões comportamentais típicos de crianças e adolescentes com TDAH. Esse protocolo foi desenvolvido a partir das características clínicas do transtorno, descritas no manual do DSM-IV-TR (APA, 2002), e no *Manual da escala de Transtorno de Déficit de Atenção e/ou Hiperatividade: versão de professores* (Benczik, 2000) que, como descrito anteriormente, busca contextualizar esses sinais para a sala de aula. A observação mostra-se uma ferramenta importante para a análise de uma contingência. Os comportamentos são, em um primeiro momento, descritos e posteriormente analisados em relação ao contexto no qual foram emitidos.

« A observação mostra-se uma ferramenta e deve ser um método de trabalho para a análise de contingências. Primeiro os comportamentos devem ser descritos e posteriormente analisados em relação ao contexto no qual foram emitidos. »

O estabelecimento da classificação das respostas foi realizado a partir dos princípios básicos da análise experimental do comportamento. Para definir um comportamento, devem-se descrever as características dos comportamentos que formam essa classe. A caracterização do comportamento deve ser objetiva, clara, precisa e expressar-se de forma direta e afirmativa. A linguagem científica bem definida ajuda a eliminar divergências entre observadores com relação à interpretação do evento (Danna & Matos,1996; 2006).

A definição operacional e a descrição topográfica desses comportamentos-alvo da observação são apresentados no Quadro 1.

Quadro 1: Descrição topográfica e operacionalização dos comportamentos compatíveis com os padrões comportamentais descritos para o TDAH.

Padrão comportamental	Comportamentos	Caracterização dos comportamentos e exemplos
DESATENÇÃO	A - Desviar o olhar do professor durante a explicação.	Qualquer atividade realizada pelo aluno durante uma explicação que caracterize um desvio do olhar do professor durante sua realização. Ex.: deitar na carteira, andar pela sala, mexer na bolsa, conversar com o(s) colega(s).
	B - Desviar o olhar do caderno.	Qualquer atividade realizada pelo aluno em substituição a olhar para o caderno, durante a execução de uma tarefa em que isso é necessário. Ex.: deitar na carteira, andar pela sala, mexer na bolsa, conversar com o(s) colega(s).
	C - Deixar de responder quando perguntado.	Qualquer atividade realizada quando o professor se dirige ao aluno, mas ele não responde quando perguntado. Ex.: deitar na carteira, andar pela sala, mexer na bolsa, conversar com o(s) colega(s), apenas calar-se.

<table>
<tr><td rowspan="4">FACILMENTE DISTRAÍDO</td><td>D - Envolver-se em eventos alheios às atividades em sala.</td><td>Qualquer atividade realizada pelo aluno diferente da solicitada pelo professor. Ex.: mexer na bolsa quando deveria realizar um exercício; conversar com o(s) colega(s), em vez de ler o texto; andar pela sala, em vez de fazer contas.</td></tr>
<tr><td>E - Ultrapassar o tempo estabelecido para concluir tarefas.</td><td>Não concluir as tarefas em tempo estipulado. Ex.: quando o professor corrige um exercício em sala e fica explícito que o aluno não o finalizou.</td></tr>
<tr><td>F - Demorar a iniciar tarefas escolares.</td><td>Demorar a realizar uma tarefa quando o professor pede para que os alunos a executem. Normalmente esse comportamento está associado a outros que impedem a realização das tarefas. Ex.: deitar na carteira, andar pela sala, mexer na bolsa, conversar com o(s) colega(s).</td></tr>
<tr><td>G - Perder coisas.</td><td>Não encontrar o material quando o necessita para realização de uma atividade. Ex.: perder lápis e borracha, lápis de cor, necessários para realização da tarefa.</td></tr>
<tr><td rowspan="4">INQUIETAÇÃO</td><td>H - Mexer-se e contorcer-se na cadeira.</td><td>Qualquer movimento do tronco da cabeça ou do pescoço do aluno durante a realização de uma explanação ou atividade escolar. Ex.: remexer o tronco, o pescoço ou a cabeça.</td></tr>
<tr><td>I - Mexer mãos e pés.</td><td>Qualquer movimento do aluno, durante a realização de uma explanação ou atividade escolar, que seja focado no remexer de pés e mãos. Ex.: balançar os pés ou movimentar excessivamente as mãos.</td></tr>
<tr><td>J - Mudar de postura.</td><td>Qualquer movimento do aluno durante a realização de uma explanação ou atividade escolar que o faça virar na cadeira. Ex.: virar para conversar com o(s) colega(s) de trás.</td></tr>
<tr><td>K - Falar em demasia.</td><td>Falar em situações nas quais se espera que permaneça em silêncio. Ex.: falar durante a explicação do professor, durante a realização de tarefas individuais, falar enquanto outros estão falando.</td></tr>
</table>

MOVIMENTAÇÃO	L - Levantar da carteira.	Levantar-se da carteira em situações nas quais se espera que permaneça sentado. Ex.: levantar da carteira durante a explicação do professor, durante a realização de tarefas.
	M - Andar ou correr pela sala ou para fora dela.	Andar ou correr pela sala ou para fora dela em situações nas quais se espera que permaneça sentado. Ex.: andar pela sala durante a explicação do professor, durante a realização de tarefas; pedir constantemente para ir ao banheiro ou beber água.
IMPULSIVIDADE	N - Ter dificuldade em aguardar sua vez.	Dificuldade para aguardar sua vez quando vários alunos são solicitados para a realização de alguma atividade. Ex.: o aluno não aguarda ser chamado quando o professor distribui material para a sala de aula, não aguarda sua vez quando vários colegas são solicitados para realizar uma atividade na lousa.
	O - Falar sem ser estimulado.	Fala sem ser perguntado ou autorizado, ou em momento inadequado. Ex.: responder à pergunta da professora quando esta foi dirigida a outro aluno, introduzir assuntos não pertinentes durante a explicação.
	P - Interromper outras falas.	Intromete-se em uma conversa sem ser solicitado ou autorizado. Ex.: interromper a explicação do professor, a pergunta do colega, o assunto de outra conversa entre os colegas.

Para utilizar a observação sistemática na condição de avaliação direta do comportamento é necessário ter alguns cuidados importantes: a) definição clara, objetiva e precisa da característica do comportamento que se deseja observar, isto é, topografia ou forma, quantidade, intensidade, latência e estímulos que antecedem o comportamento em questão; b) definição operacional da resposta, com exemplos claros desta; c) testagem do protocolo de registro mediante cálculo de um índice de concordância entre observadores treinados (Martin & Pear, 2009; Fagundes, 2006; Danna & Matos, 1996; 2006; Volpe, Diperna, Hintze & Shapiro, 2005). A observação se torna um procedimento fundamental de avaliação de problemas de comportamento e sua expressão no contexto escolar.

O presente protocolo prevê o registro, pelo professor, de frequência de expressão de comportamento dentro de classes predefinidas que caracterizam os comportamentos de desatenção e hiperatividade, expressos no último mês em sala de aula. O Quadro 2 apresenta o modelo de protocolo de observação que foi utilizado.

A observação sistemática exige:

1. Definição clara, objetiva e precisa do comportamento que se deseja observar.
2. Definição operacional da resposta.
3. Testagem mediante cálculo de um índice de concordância entre observadores treinados.

Quadro 2: Protocolo de observação. Deve ser preenchido conforme a percepção do professor em sala de aula.

Padrão comportamental	Comportamentos	Frequência		
		Nunca ou raramente	Algumas vezes	Muitas vezes
DESATENÇÃO	A - Desviar o olhar do professor durante a explicação.			
	B - Desviar o olhar do caderno.			
	C - Deixar de responder quando perguntado.			
FACILMENTE DISTRAÍDO	D - Envolver-se em eventos alheios às atividades em sala			
	E - Ultrapassar o tempo estabelecido para concluir tarefas			
	F - Demorar a iniciar tarefas escolares			
	G - Perder coisas			
INQUIETAÇÃO	H - Mexer-se e contorcer-se na cadeira.			
	I - Mexer mãos e pés.			
	J - Mudar de postura.			
	K - Falar em demasia.			
MOVIMENTAÇÃO	L - Levantar da carteira.			
	M - Andar ou correr na sala ou para fora dela.			
IMPULSIVIDADE	N - Ter dificuldade em aguardar sua vez.			
	O - Falar sem ser estimulado.			
	P - Interromper outras falas.			

Esse tipo de procedimento foi utilizado com grande eficácia na tese de doutorado de Araújo (2012). É importante ressaltar que esse procedimento deve ser utilizado apenas como recurso para a avaliação dos procedimentos pedagógicos adotados pelo professor, não tendo caráter diagnóstico. Além disso, cada aluno avaliado deve ser utilizado como controle dele mesmo, o que requer observação antes e depois da intervenção comportamental realizada pelo professor que é sugerida neste livro.

6

Orientações práticas para o professor e proposta de intervenção

Sugestão de leitura: Barkley e Murphy (2008).

Esta proposta de intervenção é baseada em estudos aplicados da Análise do Comportamento que descrevem uma série de sugestões para lidar com crianças e adolescentes com sinais de desatenção e hiperatividade, tanto em casa quanto em ambiente escolar. Essas orientações estão de acordo com o corpo teórico da análise aplicada do comportamento, especialmente baseadas nas técnicas de **controle de estímulos** (CE) e **reforçamento** (RF), no entanto, não têm por objetivo ensinar rigidamente aquilo que o professor deve fazer em sala de aula. O que se pretende é fornecer ao professor possibilidades de atuação em relação ao aluno em sala de aula, visando contribuir com a melhoria do processo de ensino e aprendizagem. A seguir, serão indicadas dezesseis propostas para manejo comportamental em sala de aula de crianças e adolescentes com sinais de desatenção e hiperatividade.

Controle de Estímulos (CE): técnica focada no controle ambiental de estímulos que potencialmente estejam relacionados à frequência de determinado comportamento.

Reforçamento (RF): técnica para aumento da probabilidade de ocorrência no futuro de um comportamento com base em sua consequência.

Propostas baseadas no controle de estímulos (CE)

Estratégias para controle de estímulos:

1. Estabelecer regras com os alunos.
2. Comunicar o tempo no decorrer da aula e das atividades.
3. Ressaltar informações importantes.
4. Sentar o aluno perto do professor.
5. Desenvolver auto-organização e autonomia.
6. Fracionar a carga de trabalho total.
7. Utilizar atividades e textos com destaque.
8. Diversificar o material utilizado.
9. Mesclar atividades de baixa atratividade com as de alta.
10. Comunicar-se com os pais.
11. Manter o bom humor e não se desgastar por pouco.
12. Estimular o autocontrole e a autopercepção.

1. Estabelecer regras com os alunos

Ao estabelecer regras, certificar-se de que elas sejam aceitas coletivamente, pois elas devem ser utilizadas para estabelecer limites e relembradas constantemente. Por exemplo, ao retornar das férias, combinar com os alunos regras para o cotidiano: quando pode levantar da carteira ou sair da sala para ir ao banheiro, o que irá acontecer se o aluno não fizer a lição. Além disso, toda vez que o professor perceber que as regras não estão sendo cumpridas, deve-se retomar todos os acordos feitos com os alunos.

2. Comunicar o tempo no decorrer da aula e das atividades

Deixar claro o tempo que será disponibilizado e informar sistematicamente o seu decorrer. Por exemplo, dizer o tempo de duração da prova e avisar periodicamente sobre o tempo restante para a conclusão das atividades; o tempo que os alunos terão para a atividade individual ou em grupo; prazos para a entrega de trabalhos, entre outros.

3. Ressaltar informações importantes

Colocar lembretes, dicas e sugestões em locais acessíveis à criança ou ao adolescente, por meio de cartazes, avisos na lousa, recados no caderno ou agenda etc. Fazer lista de atividades diárias tanto para aula quanto para os deveres de casa.

4. Sentar o aluno perto do professor

Trazer o aluno para localizações mais próximas do professor dentro da sala de aula, isto é, sentá-lo em uma carteira próxima à mesa do professor. Além disso, requisitar a atenção do aluno constantemente, solicitando sua participação a todo tempo nas atividades, fazendo perguntas a ele, convidando-a a ir à lousa responder questões, monitorando sua participação nos trabalhos em grupo para que ele não disperse. Assim, o aluno participará todo o tempo das atividades.

« Ao desenvolver a auto-organização, autorregulação e autonomia, objetiva-se que o aluno torne-se cada vez mais independente no gerenciamento de suas tarefas escolares. »

5. Desenvolver auto-organização e autonomia

Auxiliar o aluno a organizar suas atividades de estudo em sala e em casa, por meio de orientações verbais e escritas, exemplificando como ele poderá fazer o solicitado. Por exemplo, ao pedir que o aluno organize o material, mostrar como espera que a atividade seja realizada, solicitando a ele que demonstre na prática se entendeu o que está sendo solicitado. Utilizar lista de tarefas para sala de aula e para casa, fazer o aluno perceber como se organizar.

6. Fracionar a carga de trabalho total

Solicitar atividades de modo direto, objetivo, dividindo as tarefas em execuções mais curtas. Fracionar os exercícios e as atividades com reforço de instruções entre eles. Por exemplo, ao solicitar que o aluno responda a um questionário, em vez de passar dez questões, passar três de cada vez, verificando as respostas de cada questão, corrigindo os equívocos e reforçando os acertos e o esforço do aluno.

« Os destaques do texto podem ser feitos pelo professor ou em uma atividade na qual se estimule isso no aluno. »

7. Utilizar atividades e textos com destaque

Evidenciar as partes mais importantes de uma atividade ou questão de prova, textos, figuras etc., para que o aluno possa direcionar sua atenção. Diferenciar tamanho e tipo de letra, utilizar canetas marca-textos de cores diferenciadas, elementos gráficos etc.

8. Diversificar o material utilizado

Utilizar materiais diferentes, reciclados, papel colorido, revistas, jornais. Tais procedimentos poderão renovar constantemente o interesse do aluno pelas atividades propostas, atraindo a atenção e mantendo o foco dele nas atividades escolares.

9. Mesclar atividades de baixa atratividade com as de alta atratividade

Intercalar atividades necessárias que sejam potencialmente menos atrativas com atividades mais atrativas, visando manter o nível de interesse do aluno no decorrer do período de aulas. Por exemplo, tarefas de leitura e interpretação de texto que exijam grande atenção do aluno, podem ser mescladas com uma atividade de representação teatral ou outra expressão artística do conteúdo associado.

Intercalar atividades: vale lembrar que uma atividade pode ser pouco atrativa para um aluno, porém muito atrativa para outro. Por isso compete ao professor verificar com os alunos o que eles consideram mais ou menos atrativo.

10. Comunicar-se com os pais

Estabelecer parcerias eficazes com a família, fornecendo informações a ela de seu trabalho, buscando ações sinérgicas de comunicação constante. Por exemplo, utilizar o espaço da reunião de pais ou da comunicação por meio de agenda para informar avanços e dificuldades do aluno bem como para receber informações dos pais sobre o andamento do estudo e do comportamento do aluno em casa. Utilizar esses canais de comunicação para ressaltar aspectos positivos do aluno em sala de aula, de modo que os pais também se possam valer dessa estratégia em casa.

11. Manter o bom humor e não se desgastar por pouco

Concentrar seus esforços nas atividades ou tarefas importantes em longo prazo, como aprendizado escolar, relação com os outros alunos e professores. Definir o que é relevante para o processo educacional e focar seus esforços nessas atividades. Não se preocupe, por exemplo, com certa agitação de pés e mãos, derrubar coisas, comentário dos alunos, caso não interfiram na aprendizagem do aluno e dos colegas.

12. Estimular o autocontrole e autopercepção

Atribuir atividades para as quais o próprio aluno possa ser responsável e que o auxilie a perceber como foi o seu desempenho e as relações de dependência entre atividades diferentes. Descrever consequências dos seus atos e, ao atribuir uma tarefa que foi realizada adequadamente, além de reforçá-la, mostrar sua organização para a realização das tarefas e fazer o aluno identificar os passos que ele utilizou para sua realização. Por exemplo, ao concluir uma série de exercícios, fazer que ele perceba seus acertos e seus erros, ajudando-o a entender o que os motivou. Desenvolver progressivamente autonomia na realização das atividades atribuindo ao aluno reponsabilidade por aquilo que realiza.

Propostas baseadas no reforçamento (RF)

Estratégias para reforçamento:

1. Evidenciar aspectos positivos do comportamento do aluno.
2. Usar o retorno imediato após comportamentos.
3. Aumentar a frequência das consequências após comportamentos.

1. Evidenciar aspectos positivos do comportamento do aluno

Utilizar atividades motivadoras que renovem constantemente o interesse do aluno. Aumentar elogios, aprovação e apreciação de modo mais curto quando algo for realizado adequadamente. Por exemplo, após o cumprimento de uma tarefa executada corretamente, elogie sua realização. Explicitar as participações positivas do aluno em tarefas de grupo e a atenção demonstrada durante explicações.

2. Usar o retorno imediato após comportamentos

Agir rapidamente após um comportamento, propiciando imediato retorno positivo ou negativo. Por exemplo, não deixe para elogiá-lo ou dizer que algo não está adequado muito tempo após a ocorrência de um fato, uma vez que é mais eficaz para associação entre o ocorrido e o que está sendo dito se esses eventos forem seguidos.

3. Aumentar a frequência das consequências após comportamentos

Proporcionar mais retorno e consequências mais frequentes para comportamentos realizados pelos alunos. Por exemplo, atente-se à execução adequada de tarefas solicitadas, como finalização de exercícios, realização adequada de trabalhos em grupo, cumprimento de deveres de casa, comportamento desejado em sala, para sempre poder aumentar a frequência de reforços nessas tarefas.

Propostas baseadas no CE e RF

Estratégia para reforçamento e controle de estímulos:

1. Aproximar-se mais ao se comunicar com a criança.

1. Aproximar-se mais ao se comunicar com a criança

Ir até o aluno, tocá-lo nas mãos, braços ou ombros, olhá-lo nos olhos, dizer brevemente o que quer comunicar e encorajar a criança a repetir o que acabou de dizer. Assim, ao dar instruções verbais para execução de uma tarefa e ao perceber que o aluno não está atento, evite gritar e procure se aproximar e, por exemplo, tocá-lo para atrair sua atenção. Isso evita não só o desgaste do professor, mas o de sua relação com os alunos.

Desse modo, ao pôr em prática as ações sugeridas, o professor poderá levar à diminuição da frequência de comportamentos de desatenção e hiperatividade.

Isso proporcionará melhor aproveitamento do aluno em sala de aula.

Para o acompanhamento da implementação das propostas de manejo comportamental, descritas anteriormente, foi desenvolvido pelos autores um **checklist** contendo as dezesseis estratégias sugeridas, com espaço para ser preenchido pelo professor em relação à frequência com que essas propostas foram implementadas (muitas vezes, algumas vezes e não foi implementada), além de um espaço para justificativas das dificuldades de implementação encontradas pelos professores.

Faz-se necessário o preenchimento de um checklist pelo professor antes do início de sua intervenção como procedimento de autoavaliação da sua prática em sala de aula, possibilitando avaliações sequenciais da implementação dos procedimentos sugeridos. O Quadro 3 apresenta o modelo de checklist sugerido para ser utilizado pelo professor.

« O checklist deve ser utilizado como procedimento de autoavaliação da prática em sala de aula, possibilitando análises sequenciais da implementação dos procedimentos sugeridos. »

Quadro 3: Modelo de checklist sugerido para ser utilizado pelo professor.

Nunca ou raramente: estratégia nunca ou raramente utilizada nas aulas. **Algumas vezes:** estratégia utilizada apenas em algumas aulas ou dias. **Muitas vezes:** estratégia utilizada diariamente nas aulas.		
ESTRATÉGIAS	**Utilização**	
	Frequência	**Justificativa**
1. Estabelecer regras com os alunos Ao estabelecer regras, certificar-se de que elas sejam aceitas coletivamente, pois elas devem ser utilizadas como estabelecedoras de limites e relembradas constantemente.	( ) Nunca ou raramente ( ) Algumas vezes ( ) Muitas vezes	

2. Comunicar o tempo no decorrer da aula e das atividades solicitadas Deixar claro o tempo que será disponibilizado e informar sistematicamente o seu decorrer.	( ) Nunca ou raramente ( ) Algumas vezes ( ) Muitas vezes	
3. Ressaltar informações importantes Colocar lembretes, dicas, sugestões em locais acessíveis ao aluno. Utilizar cartazes, lousa, recados no caderno ou na agenda, lista de atividades diárias etc.	( ) Nunca ou raramente ( ) Algumas vezes ( ) Muitas vezes	
4. Sentar o aluno perto do professor Trazer o aluno para localizações mais próximas do professor dentro da sala de aula. Requisitar a atenção do aluno constantemente (trazê-lo todo o tempo para atividade).	( ) Nunca ou raramente ( ) Algumas vezes ( ) Muitas vezes	
5. Desenvolver auto-organização e autonomia Auxiliar o aluno a organizar suas atividades de estudo em sala e em casa, por meio de orientações verbais e escritas, exemplificando como ele poderá fazer o solicitado.	( ) Nunca ou raramente ( ) Algumas vezes ( ) Muitas vezes	
6. Fracionar a carga de trabalho total Solicitar atividades de modo direto, objetivo, dividindo as tarefas em execuções mais curtas. Fracionar os exercícios e as atividades com reforço de instruções entre eles.	( ) Nunca ou raramente ( ) Algumas vezes ( ) Muitas vezes	
7. Utilizar atividades e textos com destaque Destacar as partes mais importantes de uma atividade, questão de prova ou texto, para que o aluno possa direcionar a atenção para elas.	( ) Nunca ou raramente ( ) Algumas vezes ( ) Muitas vezes	
8. Diversificar o material utilizado Utilizar materiais diferentes, reciclados, papel colorido, revistas, jornais.	( ) Nunca ou raramente ( ) Algumas vezes ( ) Muitas vezes	
9. Mesclar atividades de baixa e alta atratividade Intercalar atividades necessárias que sejam potencialmente menos atrativas com atividades mais atrativas, visando manter o nível de interesse do aluno no decorrer do período de aulas.	( ) Nunca ou raramente ( ) Algumas vezes ( ) Muitas vezes	

10. **Estimular o autocontrole e a autopercepção** Atribuir atividades para as quais o próprio aluno possa ser responsável e que o auxilie a perceber como foi o seu desempenho e as relações de dependência entre atividades diferentes.	( ) Nunca ou raramente ( ) Algumas vezes ( ) Muitas vezes	
11. **Comunicar-se com os pais** Estabelecer parcerias eficazes com a família, fornecendo informações a ela de seu trabalho buscando ações sinérgicas de comunicação constante.	( ) Nunca ou raramente ( ) Algumas vezes ( ) Muitas vezes	
12. **Manter o bom humor e não se desgastar por pouco** Concentrar seus esforços nas atividades ou tarefas importantes em longo prazo, como aprendizado escolar, relação com os outros alunos e professores. Defina o que é relevante para o processo educacional e foque seus esforços nessas atividades.	( ) Nunca ou raramente ( ) Algumas vezes ( ) Muitas vezes	
13. **Evidenciar aspectos positivos do comportamento do aluno** Utilizar atividades motivadoras que renovem constantemente o interesse do aluno. Aumentar elogios, aprovação e apreciação de modo mais curto quando algo for realizado adequadamente.	( ) Nunca ou raramente ( ) Algumas vezes ( ) Muitas vezes	
14. **Usar o retorno imediato após comportamentos** Agir rapidamente após um comportamento, propiciando imediato retorno positivo ou negativo. Manter a calma e não alterar o tom de voz.	( ) Nunca ou raramente ( ) Algumas vezes ( ) Muitas vezes	
15. **Aumentar a frequência das consequências após comportamentos** Proporcionar mais retorno e consequências mais frequentes para comportamentos realizados pelos alunos.	( ) Nunca ou raramente ( ) Algumas vezes ( ) Muitas vezes	
16. **Aproximar-se mais ao se comunicar com a criança** Ir até o aluno, tocá-lo na mão, braço ou ombro, olhá-lo nos olhos, dizer brevemente o que quer comunicar e encorajá-lo a repetir o que acabou de dizer.	( ) Nunca ou raramente ( ) Algumas vezes ( ) Muitas vezes	

7

Exemplo de caso para ilustrar a utilização do Guia e da proposta de intervenção

Trata-se de um aluno do sexo masculino com onze anos completos, cursando o 5º ano do ensino fundamental em uma escola pública da cidade São Paulo. Fez anteriormente uso de Ritalina®, entretanto no período desta pesquisa não estava medicado. A principal preocupação relatada pela mãe referia-se à possibilidade de o filho, com o tempo, interromper os estudos. Já a professora manifestou que sua principal preocupação em relação a ele era a aprendizagem, pois ele não atingia os objetivos propostos, além disso, sua caligrafia era, segundo ela, muito ruim.

« O estudo de caso permite um exemplo prático da aplicação dos procedimentos contidos neste livro. »

A escola apresentava condições adequadas de infraestrutura e higiene, com amplo espaço físico e uma equipe de direção que se colocou à disposição para acolher ideias e atividades que visassem à melhoria da qualidade do ensino. Na escola, a equipe educacional aceitou a execução do projeto. Desde o primeiro contato telefônico com a direção houve uma mobilização no sentido de contribuir com a intervenção proposta. Feito o contato com a professora, que também se dispôs a participar e colaborar com a avaliação durante sua aula, foi dado início à sequência de avaliações e intervenções. De modo geral, a sala, que tinha 34 alunos, era participativa e organizada, porém, em dois momentos da observação, a professora teve de passar lição para os alunos da sala ao lado devido à falta de outra professora. Quando ela saía da sala os alunos faziam bagunça. Também mereceu destaque o fato de que, muitas vezes, a professora eleva excessivamente o tom de voz em sua comunicação com os alunos, o que caracteriza uso de controle aversivo.

Avaliação pré-intervenção dos inventários (CBCL e TRF), Escala Benczik e protocolo de observação

CBCL: é um inventário de comportamentos de crianças e adolescentes que deve ser respondido pelo responsável.

O CBCL (*Child Behavior Checklist* para idades entre 6 e 18 anos) é um inventário respondido pelo pai, mãe ou responsável, referente a itens de avaliação de comportamentos da criança ou adolescente avaliados nos últimos seis meses. As instruções do instrumento estabelecem que os itens sejam preenchidos com a seguinte pontuação: 0 – se o item não é verdadeiro para a criança ou adolescente; 1 – se é um pouco verdadeiro ou às vezes verdadeiro; e 2 – se é muito verdadeiro ou frequentemente verdadeiro (Achenbach & Rescorla, 2001; 2004).

Os escores obtidos permitem identificar o perfil comportamental por meio das seguintes escalas: Escala de competências; Escalas das síndromes de problemas de comportamento; Escala de internalização; Escala de externalização; Escala de problemas totais e Escalas orientadas pelo DSM. O CBCL/6-18 prevê também a solicitação de resposta a questões abertas para menção de doenças e deficiências, para descrição das preocupações dos pais sobre as crianças ou adolescentes e para o relato do que as crianças ou adolescentes teriam de melhor.

O **TRF** (*Teacher's Report Form* para idades entre 6 e 18 anos) é um inventário é correlato ao CBCL, entretanto ele é respondido pelo professor. Ele tem os mesmos itens do CBCL referentes às escalas das síndromes de problemas de comportamento, escalas dos problemas de internalização, externalização e problemas emocionais e comportamentais e as escalas orientadas pelo DSM. Qualitativamente, diversos itens que no CBCL são avaliados no contexto da família, no TRF são específicos do contexto escolar. O TRF avalia desempenho acadêmico e características adaptativas do comportamento da criança ou adolescente, a partir da opinião de seu professor.

TRF:
é correlato ao CBCL, entretanto deve ser respondido pelo professor com relação aos comportamentos da criança ou adolescente no contexto escolar.

Escala de Transtorno de Déficit de Atenção:
avalia, a partir de respostas do professor, características compatíveis com o TDAH, problemas de aprendizagem e comportamento antissocial (Benczik, 2000).

A **Escala de Transtorno de Déficit de Atenção** e/ou Hiperatividade: Versão de Professores (Benczik, 2000) avalia, a partir das respostas de professores aos itens, indicadores comportamentais em quatro áreas específicas (1) déficit de atenção; (2) hiperatividade/impulsividade; (3) problemas de aprendizagem; e (4) comportamento antissocial. A escala do instrumento é formada por questões do tipo Likert a partir de seis pontos que se organizam nas seguintes categorias: discordo totalmente, discordo, discordo parcialmente, concordo parcialmente, concordo e concordo totalmente. Essa escala foi selecionada por possuir uma padronização para a população brasileira e por ser utilizada para identificação de sinais de desatenção e hiperatividade no contexto escolar.

O protocolo de **observação direta** e sistemática de comportamentos em sala de aula foi estabelecido de acordo com padrões comportamentais típicos de crianças e adolescentes com TDAH (Araújo et al., 2011). Esse protocolo foi desenvolvido a partir das características clínicas do transtorno, descritas no manual do DSM-IV-TR (APA, 2002), e na escala de TDAH (Benczik, 2000) que, como descrito anteriormente, busca contextualizar esses sinais para a sala de aula.

Os resultados referentes à avaliação inicial do aluno utilizado como ilustração neste trabalho são apresentados nas tabelas localizadas no final do capítulo, para possibilitar a comparação dos resultados antes e após a intervenção. No perfil das escalas de **competências do CBCL (social, atividades** e **escolar)**, o item atividades foi o que apresentou maior incidência de problemas.

Observação direta de comportamentos: permite estabelecer contingências associadas aos comportamentos de desatenção e hiperatividade.

Competências do CBCL social: número de participação em organizações como clubes e igrejas; número de amigos e frequência de contato com esses amigos.

Competências da CBCL – atividades: participação e habilidade na execução de atividades (esportivas, lazer e outras).

Competências da CBCL – escolar: desempenho em disciplinas, repetições e problemas escolares.

Nas escalas de competências social e escolar, ele se encontra um pouco abaixo da média. Na avaliação do perfil das escalas das síndromes de problemas de comportamento (Tabela 2), observou-se maior incidência de problemas nos comportamentos agressivos, uma vez que, segundo a descrição feita, o aluno resiste muito para fazer as tarefas, exige que prestem muita atenção a ele, destrói suas próprias coisas e as de colegas, grita muito, é briguento, teimoso, mal-humorado, irritável, desconfiado e faz birra.

Também foram descritas alterações relacionadas a problemas sociais, sendo referida como uma criança muito apegada a adultos e ciumenta, que não se dá bem com outras crianças, que não é querida pelas outras crianças e que prefere estar com crianças mais novas. No índice de depressão e isolamento foi descrito como reservado, fechado e que não conta suas coisas a ninguém, sendo pouco ativo e demonstra falta de energia. Em relação aos problemas de atenção, é descrito como infantil para a sua idade, não termina as coisas que começa, tem dificuldade de se concentrar e se perde em seus pensamentos. Em relação aos comportamentos de não seguir regras, é visto como alguém que as desrespeita tanto na escola quanto em casa, ou mesmo em outros lugares, xinga ou fala palavrões. Já de acordo com o índice de depressão e ansiedade, ele é descrito como portador de sentimento de inferioridade, nervoso e muito medroso. As queixas somáticas e os problemas com o pensamento estão dentro do padrão para sua idade. No perfil das escalas orientadas pelo DSM (Tabela 3), observa-se maior incidência de comportamentos que caracterizam problemas de conduta, problemas afetivos, problemas de ansiedade e problemas de oposição e desafio.

Já no TRF, observaram-se alguns relatos de desatenção, porém não configuraram pontuação clínica de acordo com o ponto de vista do professor. Entretanto, quando se aprofundou essa avaliação utilizando-se a escala de TDAH (Tabela 4) versão para professores de Benczik, o aluno apresentou alto índice de comportamentos de déficit de atenção, com pontuação máxima em 12 dos 16 itens. Já com relação aos sinais de hiperatividade e impulsividade, obteve pontuação mínima em 10 dos 12 itens avaliados, apresentando, assim, menos problemas que a maioria das crianças. Em relação ao índice de problemas de aprendizagem e de comportamentos antissociais, é descrito como pertencente à média para sua idade.

Nos resultados do protocolo de observação em sala de aula (Tabela 5) o aluno apresentou dois comportamentos associados ao padrão de "desatenção": desviar o olhar do professor durante a explicação e desviar o olhar do caderno; em relação ao padrão "facilmente distraído" apresentou os seguintes comportamentos: ultrapassar o tempo estabelecido para concluir tarefas, demorar a iniciar tarefas escolares e perder coisas. Apresentou três comportamentos associados à "inquietação": mexer-se e contorcer-se na cadeira, mexer mãos e pés e mudar de postura. No padrão comportamental de "movimentação" apresentou o comportamento de levantar da carteira. Esses dados da observação estão de acordo com os encontrados nas aplicações do CBCL, do TRF e da escala de TDAH de Benczik.

De modo geral, os instrumentos descritos caracterizam um padrão comportamental com predomínio de sinais de desatenção. A partir disso, foi implementado o protocolo de intervenção para manejo comportamental em sala de aula. De acordo com os procedimentos, o protocolo de intervenção foi elaborado a partir do objetivo deste trabalho, que visou desenvolver, implementar e avaliar o efeito de procedimentos de manejo comportamental em sala de aula com alunos com TDAH. O protocolo era composto pelo Guia de intervenções, um checklist que avaliou a implementação das propostas que foram utilizadas em um período de três meses. Foi disponibilizada uma cópia impressa desse material para o professor em treinamento. As orientações contidas no Guia visavam sugerir estratégias de manejo comportamental que possibilitassem ao professor adequar o comportamento do aluno a condições que possibilitem melhora de sua aprendizagem em longo prazo.

« O protocolo, de modo geral, visou desenvolver, implementar e avaliar o efeito de procedimentos de manejo comportamental em sala de aula com alunos com TDAH. »

O treino do professor para implementação das práticas para manejo comportamental ocorreu em dois encontros de aproximadamente noventa minutos de duração cada, sendo que, no primeiro, foi apresentado ao docente um resumo dos principais comportamentos emitidos pelo aluno e das ações que deveriam ser realizadas pelo professor e observadas pelo pesquisador. Depois, foi apresentado a ele um conjunto de estratégias para manejo comportamental que deveriam ser adotadas durante as aulas. No segundo encontro, foram discutidas dúvidas referentes aos procedimentos e às orientações para sua aplicação. A implementação das modificações foi acompanhada quinzenalmente pelo pesquisador por meio de orientações e discussões, resultando no preenchimento de doze checklists pelo professor (um por semana) e em sete encontros quinzenais, conforme descrição a seguir.

Treino e utilização do Guia pelo professor e acompanhamento da intervenção

Primeiro encontro: leitura do Guia pelo professor em conjunto com o responsável pelo treino.

Primeiro encontro: leitura do Guia junto à professora envolvendo aspectos conceituais do TDAH. Apresentação à professora dos registros de frequências de comportamentos de desatenção e hiperatividade/impulsividade do seu aluno. Foi acordado com o professor que o aluno deveria ter autonomia e responsabilidade, assumindo suas tarefas escolares. Foi feita a exposição do Guia. Houve grande interesse sobre o conteúdo apresentado, de forma que, o tempo previsto para o encontro não foi suficiente para todas as dúvidas levantadas, e alguns esclarecimentos foram deixados para o próximo encontro.

Segundo encontro: treino da professora para utilização das estratégias presentes no Guia. Cada estratégia foi apresentada e discutida com exemplos de como elas poderiam ser aplicadas. Foi solicitado que a professora utilizasse os procedimentos sugeridos no manual e que preenchesse semanalmente um checklist com descrições da frequência e das dificuldades na sua utilização. Foi dito também que acompanhamentos quinzenais seriam feitos para a discussão da utilização do Guia e análise do checklist. A professora relatou que o desempenho do aluno vem melhorando à medida que ela segue as orientações dadas, e afirmou que estas têm contribuído para uma melhora significativa das práticas pedagógicas. Ressaltou, porém, que o cumprimento do cronograma de aulas dificulta dar a devida atenção de que o aluno necessita, uma vez que a sala possui muitos estudantes e que ela tenta respeitar não apenas as características desse aluno, mas as de todos eles. Além disso, demonstrou interesse em melhorar sua relação com a sala.

> **Segundo encontro:** orientação ao professor para utilização das estratégias a serem adotadas em sala de aula.

Terceiro encontro: a professora, ao ser indagada sobre o processo com o aluno, disse ter

> **Terceiro encontro:** avaliação parcial da implementação das estratégias.

começado a utilizar as estratégias indicadas e que o havia mudado de lugar. Procurou elogiá-lo mais e conversar mais com ele. Como dificuldade na implementação de algumas estratégias, destacou a falta de tempo e o número de alunos na sala. Ressalta que ele é um menino meigo e que ela tem ficado atenta às "manipulações" que ele faz na hora da lição.

Quarto encontro: avaliação parcial dos resultados obtidos com a implementação das estratégias.

Quarto encontro: perguntada sobre o aluno e as modificações que foram implementadas, a professora disse que ocorreram muitos trabalhos em grupo, em função da feira de ciências, e que ele havia participado das atividades propostas. Não havia notado nada de diferente nas últimas semanas, e percebia que ele estava muito bem enturmado. Tinha conversado com ele sobre sua escrita, e informou que ele havia começado a fazer exercícios de caligrafia em casa. Durante essa visita, a escola estava muito agitada e a professora estava um pouco impaciente. Procurou-se não ser invasivo com as orientações e foi dito que o objetivo era ajudá-la naquilo que fosse possível, sem jamais atrapalhá-la. A professora disse que as orientações não estavam atrapalhando e pediu desculpas pela correria e pelo pouco tempo disponível.

Quinto e sexto encontros: Avaliação das dificuldades apresentadas até o momento.

Quinto encontro: a professora estava alegre e disse que a semana de ciências havia sido um sucesso. Disse que ficou orgulhosa dos alunos, destacando a participação do aluno acompanhado nesse protocolo. Ela descreveu que vinha seguindo todas as orientações, colocando lembretes no canto da lousa e elogiando bastante o aluno em questão. Porém, não conseguia saber qual era o limite certo dos elogios. Considerou ser difícil fazer o planejamento individual e diz que tem conversado com os demais professores sobre o treino.

Sexto encontro: a professora afirmou sentir melhora significativa no aluno, mas que ainda tinha dificuldade de implementar as mudanças que envolviam as lições, e que também não conseguia acompanhar adequadamente os trabalhos de casa. Acreditava que o aluno precisaria mais da ajuda dos pais. Disse que os encontros ajudavam a repensar seu conteúdo programático e seu método. A professora relatou que estava gostando muito das orientações e que iria sentir falta dos nossos encontros.

Sétimo encontro: avaliação geral de todo o processo.

Sétimo encontro: a professora afirmou que já fazia praticamente tudo que estava indicado no Guia. Entretanto, na avaliação do checklist observou-se que as estratégias que envolviam mudanças de procedimentos didático-pedagógicos e contato com os pais foram utilizadas poucas vezes. Perguntou se as orientações continuariam a ser dadas na escola, porque foram muito úteis para ela. Foi explicado como seria o trabalho até o final do processo. Foi solicitado que a professora respondesse ao TRF e ela o fez prontamente.

> « A participação efetiva do professor aumenta a probabilidade de sucesso na implementação das tarefas. »

Considerações sobre os encontros

Durante o período em que foram realizados os encontros, ocorreu uma interação que funcionou muito bem entre a escola e a professora, esta sempre interessada em aproveitar ao máximo o que o Guia pode trazer de contribuição. Em três oportunidades houve a participação do pesquisador em reuniões com mães que tinham filhos que eram vistos na escola como muito agitados. As orientações dadas pela direção e pelos professores foram ao encontro do que vinha sendo trabalhado no Guia. A professora informou que o aluno em questão havia vencido um torneio de caratê, o que trouxe muita alegria para a escola. É nítido o carinho que todos demonstram por ele. Durante todas as observações o aluno demonstrou-se muito calado e com pouca iniciativa para realizar as tarefas, porém sempre educado, mantendo boa interação com a professora e com os colegas. Frequentemente ele aguardava que os colegas terminassem a lição para depois copiá-la. Em nenhum momento durante as observações percebeu-se um esforço do aluno na tentativa de resolver os exercícios. Além disso, por várias vezes a professora reclamou do seu desleixo com o material, que, de fato, aparentava estar malcuidado.

A professora era participativa e demonstrava muita necessidade de falar o tempo todo. Embora a discussão fosse sobre um aluno específico, após a leitura e discussão do Guia, ela buscou discutir possíveis intervenções com vários outros alunos. A professora explorou ao máximo as visitas realizadas, as quais nunca duraram menos de duas horas. Pôde-se perceber, durante as visitas, que a escola mantém estreito contato com as famílias, pois sempre chama os pais para conversar, assume postura bastante assertiva de parceria entre escola e família, e busca pensar estratégias conjuntas de intervenção. Verificou-se, assim, a necessidade de apoio extraclasse para os professores.

Análise da utilização do Guia mediante uso do checklist

Os resultados do acompanhamento semanal mediante uso do checklist podem ser observados na Tabela 1. Após o início da intervenção, verificou-se, no decorrer das semanas, um aumento gradual na utilização do guia pela professora. A frequência de ocorrência de algumas das estratégias aumentou, sendo que, das dezesseis estratégias sugeridas, oito foram implementadas totalmente até o final do processo. Três estratégias foram parcialmente implementadas no final do processo (“desenvolver autonomia”, “manter o bom humor e não se desgastar por pouco” e “evidenciar aspectos positivos do comportamento do aluno”). Cinco das estratégias não chegaram a ser implementadas.

« O checklist permite verificar os resultados do nível de implementação das estratégias sugeridas. »

No caso da estratégia "fracionar a carga de trabalho total", a professora alegou não ser possível individualizar os procedimentos; nas estratégias "diversificar o material", "utilizar atividades e textos com destaque" e "mesclar atividades de baixa e alta atratividade", a professora alegou dificuldade, em especial, pela falta de tempo. Em "comunicar-se com os pais", a professora afirmou ser tarefa da coordenação e que ela costuma ser muito breve durante as reuniões pedagógicas. As atividades não implementadas estão diretamente relacionadas ao contato do professor com a família ou às mudanças de estratégias que exigem maior demanda de trabalho do professor.

Tabela 1: Implementação do treino a partir de um checklist respondido pela professora a cada semana. (0) *Não foi implementada:* estratégia não utilizada nas aulas; (1) *Algumas vezes:* estratégia utilizada apenas em algumas aulas ou dias; e (2) *Muitas vezes:* estratégia incorporada diariamente nas aulas.

Estratégias \ Semana		1	2	3	4	5	6	7	8	9	10	11	12	Média
CE	1. Estabelecer regras com os alunos.	2	2	2	2	2	2	2	2	2	2	2	2	2,0
	2. Comunicar o tempo no decorrer da aula.	1	1	1	1	2	2	2	2	2	2	2	2	1,7
	3. Ressaltar informações importantes.	0	0	1	1	2	2	2	2	2	2	2	2	1,5
	4. Sentar o aluno perto do professor.	2	2	2	2	2	2	2	2	2	2	2	2	2,0
	5. Desenvolver autonomia e auto-organização.	0	0	0	0	1	1	1	1	1	1	1	1	0,7
	6. Fracionar a carga de trabalho total.	0	0	0	0	0	0	0	0	0	0	0	0	0,0

CE	7. Utilizar atividades e textos com destaque.	1	1	0	0	1	1	1	1	1	1	0	0	0,7	**1,0**
CE	8. Diversificar o material utilizado.	1	1	0	0	1	1	1	1	1	1	0	0	0,7	
CE	9. Mesclar atividades de baixa e alta atratividade.	1	1	0	0	0	0	0	0	1	1	0	0	0,3	
CE	10. Estimular o autocontrole e a autopercepção.	1	1	2	2	2	2	2	2	2	2	2	2	1,8	
CE	11. Comunicar-se com os pais.	0	0	0	0	0	0	0	0	0	0	0	0	0,0	
CE	12. Manter o bom humor e não se desgastar por pouco.	1	1	1	1	1	1	1	1	1	1	1	1	1,0	
Rf	13. Evidenciar aspectos positivos do comportamento do aluno.	1	1	1	1	1	1	1	1	1	1	1	1	1,0	
Rf	14. Usar o retorno imediato após comportamentos.	1	1	1	1	1	1	1	1	2	2	2	2	1,3	**1,3**
Rf	15. Aumentar frequência das consequências após comportamentos.	1	1	1	1	2	2	2	2	2	2	2	2	1,7	
CERf	16. Aproximar-se mais ao se comunicar com a criança.	1	1	2	2	2	2	2	2	2	2	2	2	1,8	**1,8**
	MÉDIA	**0,9**	**0,9**	**0,9**	**0,9**	**1,3**	**1,3**	**1,3**	**1,3**	**1,4**	**1,4**	**1,2**	**1,2**		

Legenda: (CE): predomínio do controle do comportamento pelos estímulos antecedentes; (Rf): predomínio do controle do comportamento pelo uso de reforçadores positivos para comportamentos adequados; e (CERf): predomínio do controle do comportamento mediante manejo de antecedentes e reforçadores positivos para comportamento adequados.

Avaliação pós-intervenção e comparação dos inventários (CBCL e TRF) e Escala Benczik

Em ambos os inventários (CBCL/6-18 e TRF/6-18), assim como na escala Benczik, verificou-se uma redução nos índices após a intervenção com o guia de orientações para o professor (tabelas 2, 3 e 4). Essa redução foi mais expressiva nas escalas das síndromes do CBCL em comparação com o TRF. A mãe identificou maior número de problemas, se comparada com a percepção da professora.

Tabela 2: Comparação dos escores ponderados (T) das Escalas/Síndromes de Problemas de Comportamento verificados no CBCL e no TRF. Valores negativos nas diferenças indicam redução dos comportamentos relatados.

Escala / Inventário		Ansiedade/ Depressão		Isolamento/ Depressão		Queixas somáticas		Problemas de sociabilidade		Problemas com o pensamento		Problemas de atenção		Violação de regras		Comportamento agressivo	
		Pré	Pós	Pré	Pós	Pré	Pós	Pré	Pós	Pré	Pós	Pré	Pós	Pré	Pós	Pré	Pós
CBCL		66	63	79	68	61	54	83	77	58	55	71	61	72	62	79	68
TRF		61	51	63	59	50	50	50	50	50	50	54	50	53	50	51	50
Dif	C	–3		–11		–7		–6		–3		–10		–10		–11	
	T	–10		–4		0		0		0		–4		–3		–1	

Legenda: (Dif): diferença; (C): CBCL; (T): TRF.

Tabela 3: Comparação dos escores ponderados (T) das Escalas Orientadas pelo DSM verificadas no CBCL e no TRF. Valores negativos nas diferenças indicam redução dos comportamentos relatados.

Inventário \ Escala		Problemas afetivos		Problemas de ansiedade		Problemas somáticos		Problemas de Déficit de Atenção e Hiperatividade		Problemas de Oposição e Desafio		Problemas de conduta	
		Pré	Pós	Pré	Pós	Pré	Pós	Pré	Pós	Pré	Pós	Pré	Pós
CBCL		73	66	70	70	57	50	60	55	66	66	81	66
TRF		57	52	56	50	50	50	53	50	50	50	55	50
Dif	C	–6		0		–7		–5		0		–15	
	T	–5		–6		0		–3		0		–5	

Legenda: (Dif): diferença; (C): CBCL; (T): TRF.

Tabela 4: Escala de Transtorno de Déficit de Atenção e Hiperatividade de Benczik (versão para professores). Valores negativos nas diferenças indicam redução dos comportamentos relatados.

	Déficit de Atenção		Hiperatividade/ Impulsividade		Problemas de aprendizagem		Comportamento antissocial	
	Pré	Pós	Pré	Pós	Pré	Pós	Pré	Pós
Total	85	74	14	12	51	37	15	08
Percentil	95	90	10	1–5	70	45	65–70	20
Dif. do Total (Pós-Pré)	–11		–02		–14		–07	

Avaliação pós-intervenção da observação

Da mesma maneira que nos instrumentos anteriores, observou-se uma diminuição na frequência dos comportamentos característicos de desatenção e hiperatividade após a intervenção com a utilização do guia pela professora (Tabela 5).

Tabela 5: Taxas de frequência de respostas dos padrões comportamentais de desatenção, hiperatividade e impulsividade descritos pelo instrumento de observação do aluno antes e após a implementação do guia. Valores negativos nas diferenças indicam redução da frequência de comportamentos observados.

<table>
<tr><th rowspan="3">DSM</th><th rowspan="3">Padrão comportamental</th><th rowspan="3">Comportamentos</th><th colspan="7">Frequência</th></tr>
<tr><th colspan="2">Comp.</th><th colspan="2">Padrão</th><th colspan="3">DSM</th></tr>
<tr><th>Pré</th><th>Pós</th><th>Pré</th><th>Pós</th><th>Pré</th><th>Pós</th><th>Dif.</th></tr>
<tr><td rowspan="7">Desatenção</td><td rowspan="3">Desatenção</td><td>A - Desviar o olhar do professor durante a explicação.</td><td>22,5</td><td>0</td><td rowspan="3">53,5</td><td rowspan="3">18</td><td rowspan="7">84,8</td><td rowspan="7">31</td><td rowspan="7">–53,8</td></tr>
<tr><td>B - Desviar o olhar do caderno.</td><td>31</td><td>13</td></tr>
<tr><td>C - Deixar de responder quando perguntado.</td><td>0</td><td>5</td></tr>
<tr><td rowspan="4">Facilmente distraído</td><td>D - Envolver-se em eventos alheios às atividades em sala.</td><td>0</td><td>8</td><td rowspan="4">31,3</td><td rowspan="4">13</td></tr>
<tr><td>E - Ultrapassar o tempo estabelecido para concluir tarefas.</td><td>1,8</td><td>0</td></tr>
<tr><td>F - Demorar a iniciar tarefas escolares.</td><td>29,3</td><td>5</td></tr>
<tr><td>G - Perder coisas.</td><td>0,3</td><td>0</td></tr>
</table>

Hiperatividade	Inquietação	H - Mexer-se e contorcer-se na cadeira.	1,5	0	7	0	10,5	0	–10,5
		I - Mexer mãos e pés.	0,8	0					
		J - Mudar de postura.	4,8	0					
		K - Falar em demasia.	0	0					
	Movimentação	L - Levantar da carteira.	3,5	0	3,5	0			
		M - Andar ou correr na sala ou para fora da sala.	0	0					
Impulsividade	Impulsividade	N - Ter dificuldade em aguardar sua vez.	0	0	0	0	0	0	0
		O - Falar sem ser estimulado.	0	0					
		P - Interromper outras falas.	0	0					

8

Conclusões e dicas importantes de como utilizar os instrumentos apresentados neste livro

Este livro apresentou uma experiência de desenvolvimento e implementação de procedimentos de manejo comportamental pelos professores. A avaliação de seus efeitos em alunos com sinais de desatenção e hiperatividade, no contexto de sala de aula, contribui para a utilização de intervenções que se mostrem eficazes para o aprendizado desses alunos. Assim, foi possível fornecer ao professor alternativas de atuação que possam subsidiar o manejo de comportamentos desatencionais e hiperativos-impulsivos desses alunos em sala de aula.

> « A aplicação das estratégias contidas no Guia se mostraram eficientes no manejo de muitos comportamentos relacionados à desatenção e à hiperatividade. »

Os instrumentos utilizados neste livro foram baseados na tese de doutorado de Araújo (2012) que, para avaliar o perfil comportamental dos participantes da pesquisa, utilizou inventários específicos (CBCL, para pais; TRF e Escala Benczik de TDAH, para professores), além de observação em sala de aula, a partir de um protocolo elaborado pelo próprio pesquisador. Participaram do estudo oito crianças, do Ensino Fundamental da cidade de São Paulo, diagnosticadas com TDAH (dessas oito crianças, uma delas foi apresentada neste livro). Foi elaborado um programa de treinamento com os professores para manejo comportamental em sala de aula, sob a forma de um guia que foi aplicado em quatro dessas crianças (Grupo Experimental - GE). Os resultados foram posteriormente comparados ao Grupo Controle (GC), formado pelas outras quatro crianças.

A aplicação do guia nos casos descritos neste livro se mostrou viável e eficaz no manejo de diversos comportamentos relacionados à desatenção e à hiperatividade, assim como de outros problemas comumente associados ao TDAH. Ainda que esta obra não tenha buscado esgotar as possíveis variáveis que controlam os comportamentos do aluno, a redução dos escores nos instrumentos padronizados utilizados evidenciou melhora expressiva dos problemas comportamentais em sala de aula e mostrou a eficácia de intervenções em alunos com TDAH no ambiente escolar.

Após implementação e acompanhamento do uso do guia, verificou-se, no decorrer das semanas, um aumento gradual em sua utilização pelas professoras, ao ponto de algumas estratégias terem sido incorporadas diariamente nas aulas.

Vale ressaltar que, apesar de a implementação do Guia ter ocorrido com o semestre em andamento e do curto tempo disponibilizado para fazer o treino dos professores, os resultados obtidos foram bons, o que permite identificar possibilidades concretas para alcançar resultados ainda melhores, caso essas estratégias fizessem parte do projeto político e pedagógico da instituição de ensino e não ficassem apenas sob responsabilidade do professor que acompanha o aluno com TDAH. Assim, incorporar estratégias no planejamento escolar que visem auxiliar o professor a lidar com dificuldades específicas é fundamental para que a escola possa desenvolver ao máximo o potencial de aprendizagem de seus alunos.

Também será de grande importância pensar em estratégias de manejo dos pais para potencializar os resultados obtidos com a intervenção, haja vista que, mesmo sem intervenção com os pais, os resultados apontados na avaliação com eles indicaram melhoria nos comportamentos dos alunos no ambiente familiar.

> « É fundamental pensar em estratégias de manejo que os pais possam utilizar para melhorar os resultados dos filhos na escola. »

A diminuição de problemas de comportamento do espectro atencional e hiperativo também foi identificada na observação do comportamento dos alunos no ambiente de sala de aula. As ações do guia estavam baseadas no controle dos estímulos antecedentes e consequentes que se considerou estar associados aos repertórios comportamentais de desatenção e hiperatividade. Embora respostas de agitação e movimentação tenham sido emitidas em menor frequência que às de desatenção, ambas tiveram suas taxas reduzidas entre a pré e a pós-intervenção.

Outros trabalhos deverão focalizar aquelas estratégias que exigem maior investimento do professor para implementação e que, no presente estudo deste livro, verificou-se que foram utilizadas apenas algumas vezes na semana, por exemplo, "utilizar atividades e textos com destaque" e "comunicar-se com os pais". Recomenda-se também avaliar a eficácia do Guia quando aplicado por um período de tempo maior e compatível com um ano letivo. Trabalhos futuros podem, ainda, aumentar a habilidade do professor nas técnicas de manejo comportamental em situação de sala de aula, de modo a capacitá-los para utilização mais eficaz dessas estratégias com alunos portadores de TDAH.

> « Esse material é de grande importância para auxiliar no cotidiano do professor em sala de aula, apresentando dicas de manejo comportamental que podem contribuir para a melhoria do processo de aprendizagem. »

Evidenciou-se que o material desenvolvido para o treino mostra-se passível de aplicação e proporciona retorno prático e imediato para o professor (foco da intervenção). Com o passar do tempo, os professores e a instituição começaram a entender o procedimento e, em geral, expressaram o quanto era importante ter apoio para lidar com essa questão tão presente no cotidiano escolar, como é o caso do TDAH. Mesmo nas instituições em que houve resistência inicial, quanto à implementação do projeto, a aceitação foi se concretizando no decorrer do processo.

As intervenções psicossociais melhoram o desempenho do aluno quando o processo está sendo implementado, reforçando a necessidade de equipe interdisciplinar de apoio à prática docente. Todavia, mais estudos que verifiquem a manutenção do comportamento após o término da intervenção ainda se fazem necessários.

O protocolo também se mostrou eficaz e útil para observações pontuais quando os comportamentos a ser observados foram preestabelecidos. Vale ressaltar a necessidade de treino para os observadores, que precisam ter clareza dos comportamentos a ser observados, para que não haja discrepâncias entre os resultados das observações. Faz-se necessário, futuramente, elaborar um instrumento que verifique comportamentos adequados do aluno para auxiliar na compreensão do TDAH.

O estudo apresentado neste livro, mais uma vez, mostrou que, na interação comportamento-ambiente, ao se modificar o ambiente, modela-se o comportamento. Além disso, de modo geral, os professores consideraram muitos comportamentos em função das contingências, pensando nas mudanças ambientais que a ação estava produzindo, o que retroagiu no aluno, modificando-o. A Análise do Comportamento, feita no presente trabalho e aplicada ao contexto escolar, priorizou intervenções que envolviam principalmente o

« Na interação comportamento-ambiente, ao modificar o ambiente, modela-se o comportamento. »

manejo de eventos antecedentes e o fornecimento de consequências adequadas após a ocorrência de comportamentos esperados no ambiente escolar, melhorando os procedimentos de aprendizagem na escola. Conseguiu-se, também, mostrar o quanto é importante considerar o sujeito em relação a ele mesmo, pressuposto fundamental da Análise do Comportamento, entendendo que o sujeito é sempre único. O diálogo com outras áreas do conhecimento também foi uma preocupação da presente tese abordada neste livro, que buscou utilizar expressões como transtorno e diagnóstico, porém sem perder as especificidades da Análise do Comportamento.

Como foi descrito ao longo deste livro, os instrumentos apresentados têm como objetivo auxiliar o professor no estabelecimento de procedimentos que facilitem o aprendizado em sala de aula, não tendo, assim, caráter diagnóstico. Este, pelo seu alto grau de complexidade, deverá ser feito por uma equipe interdisciplinar de profissionais capacitados para isso. Assim, para efetivação desse processo, caso o professor perceba sinais de desatenção e agitação em grau elevado em algum aluno, deverá encaminhá-lo para tal equipe a fim de estabelecer o processo de avaliação.

Do ponto de vista pedagógico, quando um professor perceber que algum aluno apresenta sinais que podem ser caracterizados como comportamentos de desatenção e hiperatividade e, se decidir seguir, no manejo em sala de aula, as sugestões deste Guia, o primeiro passo deve ser sistematizar a observação desses sinais por meio do protocolo de observação para o professor, identificando, assim, com qual frequência esses comportamentos são expressos. Assim, sugerimos que indique semanalmente a frequência de tais comportamentos, por exemplo, se eles aparecem raramente, algumas vezes ou muitas vezes em comparação a outras crianças da mesma classe.

Feito isso, poderá utilizar o guia com as orientações de manejo comportamental, visando reduzir os comportamentos de desatenção e hiperatividade (sendo descritos como aqueles que concorrem ou que são incompatíveis com o aprendizado). Como instrumento de acompanhamento da implementação desses procedimentos, o professor poderá utilizar o checklist para autoavaliação, identificando quais procedimentos foram implementados com facilidade e quais indicaram dificuldades, mencionando quais seriam estas. Assim, será possível melhorar, pelo manejo comportamental, a efetividade do aprendizado dessas crianças, uma vez que as mudanças de atitude do professor com esses alunos poderão refletir na melhoria da relação entre toda a classe.

Sugestões de leitura

Além da bibliografia utilizada para fundamentação teórica e discussão do trabalho apresentado neste livro, sugerimos outras obras que podem ampliar as discussões aqui apresentadas. A atualização dessas referências poderá ser obtida constantemente por meio de bases de dados de artigos científicos de acesso aberto como: <www.bvs-psi.org.br> ou diretamente no <www.scielo.br> ou <pepsic.bvsalud.org>.

Artigos

Araújo, M. V., Carvalho, A. M., Ribeiro, A. F., Cantiere, C. N., Teixeira, M. C. T. V., & Carreiro, L. R. R. (2013). Papel do professor na implementação de repertórios comportamentais compatíveis com o aprendizado em escolares com transtorno de déficit de atenção e hiperatividade [Versão eletrônica], *Cadernos de Pós-Graduação em Distúrbios do Desenvolvimento, 13*, 9-13.

Araújo, M. V., Seraceni, M. F. F., Mariani, M. M. C., Lima, S. F. B., Teixeira, M. C. T. V., & Carreiro, L. R. R. (2011). A observação como procedimento e avaliação direta de comportamentos de desatenção e hiperatividade no ambiente escolar [Versão eletrônica], *Cadernos de Pós-Graduação em Distúrbios do Desenvolvimento, 11*, 68-77.

Carreiro, L. R. R., Cerdeira, M. E., Palaria, A. C. Z., & Araújo, M. V. (2010). Sinais de desatenção e hiperatividade na escola: análise dos relatos dos professores sobre suas expectativas e modos de lidar [Versão eletrônica], *Cadernos de Pós-Graduação em Distúrbios do Desenvolvimento, 10*, 49-58.

Carreiro, L. R. R., Jorge, M., Tebar, M. R., Moraes, P. F., Araújo, R. R., & Oliveira, T. A. E. R. (2008). Importância da interdisciplinaridade para avaliação e acompanhamento do transtorno do déficit de atenção e hiperatividade. *Psicologia – Teoria e Prática, 2*, 61-67.

Carreiro, L. R. R., Lima, D. P., Marques, M. A. A., Araújo, M. V., & Teixeira, M. C. T. V. (2007). Estudo exploratório sobre o conhecimento do transtorno do déficit de atenção e hiperatividade entre professores de escolas públicas e privadas da cidade de São Paulo. [Versão eletrônica], *Cadernos de Pós-Graduação em Distúrbios do Desenvolvimento, 7*, 34-52.

Livros

Barkley, R. A. (Org.) (2008). *Transtorno de Déficit de Atenção/Hiperatividade. Manual para diagnóstico e tratamento* (3a ed.). Porto Alegre: Artmed.

Barkley, R. A., & Murphy, K. R. (2008). *Transtorno de Déficit de Atenção/Hiperatividade. Exercícios Clínicos* (3a ed.). Porto Alegre: Artmed.

Du Paul, G. J., & Stoner, G. (2007). *TDAH nas Escolas: Estratégias de avaliação e intervenção.* São Paulo: MBooks.

Tourinho, E. Z., & Luna, S. V. (Orgs.) (2010). *Análise do Comportamento. Investigações históricas, conceituais e aplicadas.* São Paulo: Roca.

Referências

Achenbach, T. M., & Rescorla, L. A. (2004). *Mental Health practitioners guide for the Achenbach System of Empirically Based Assessment (ASEBA)* (4th ed.). Burlington, VT: University of Vermont, Research Center for Children, Youth, & Families.

Achenbach, T. M., & Rescorla, L. A. (2001). *Manual for the ASEBA school-age forms & profiles.* Burlington, VT: University of Vermont, Department of Psychiatry.

Albuquerque, A. R., & Melo, R. M. (2005). Equivalência de estímulos: conceito, implicações e possibilidades de aplicação. In M. R. Ribeiro & J. Rodrigues-Abreu. *Análise do Comportamento. Pesquisa, Teoria e aplicação* (pp. 245-264). Porto Alegre: Artmed.

Anastopoulos, A. D., Rhoads, L. H., & Farley, S. E. (2008). Aconselhamento e treinamento para os pais. In Russell A. Barkley (Org.). *Transtorno de Déficit de Atenção/Hiperatividade. Manual para diagnóstico e tratamento* (3a ed., pp. 465-491). Porto Alegre: Artmed.

APA - American Psychiatric Association (2002). *DSM-IV-TR. Manual diagnóstico e estatístico de transtornos mentais* (4a ed. ver.) (Cláudia Dornelles, Trad.). Porto Alegre: Artmed.

APA - American Psychiatric Association (2013). *Diagnostic and Statistical Manual of Mental Disorders* (5th ed.). Arlington, VA: American Psychiatric Publishing. ISBN 978-0-89042-555-8.

Araújo, M. V. (2012). *Manejo comportamental pelo professor no contexto de sala de aula de alunos identificados com TDAH: desenvolvimento, implementação e avaliação de Guia de intervenção.* Tese de doutorado em Distúrbios do Desenvolvimento. Programa de Pós-Graduação. Universidade Presbiteriana Mackenzie. São Paulo, SP, Brasil. 236 p.

Araújo, M. V., Seraceni, M. F. F., Mariani, M. M. C., Lima, S. F. B., Teixeira, M. C. T. V., & Carreiro, L. R. (2011). A observação como procedimento de avaliação direta de comportamentos de desatenção e hiperatividade no ambiente escolar. *Cadernos de Pós-Graduação em Distúrbios do Desenvolvimento (Online), 11*, 68-77.

Benczik, E. B. P. (2000). *Manual da Escala de Transtorno de Déficit de Atenção/Hiperatividade: versão para professores.* São Paulo: Casa do Psicólogo.

Caliman, L. V. (2008). O TDAH: entre as funções, disfunções e otimização da atenção. *Psicologia em Estudo, 13*(3), 559-566.

Chronis, A. M., Jones, H. A., & Raggi, V. L. (2006). Evidence-based psychosocial treatments for children and adolescents with attention-deficit/hyperactivity disorder. *Clinical Psychology Review,* 26(1), 486-502.

Dallanora, A. R., Fensterseifer, C. L., Lawisch, D. F., Raabe, M. B., & Areosa, S. V. C. (2007). A relação da escola com o transtorno de déficit de atenção e hiperatividade nos vales do Rio Pardo e Taquari - RS: um pensamento atual. *Psicologia em Pesquisa, 1*(1), 29-33.

Danna, M. F., & Matos, M. A. (1996). *Ensinando observação: uma introdução* (3a ed.). São Paulo: Edicon.

Danna, M. F., & Matos, M. A. (2006). *Aprendendo a observar.* São Paulo: Edicon.

Fagundes, A. J. F. M. (2006). *Descrição, definição e registro do comportamento* (14a ed.). São Paulo: Edicon.

Froelich, J., Doepfner, M., & Lehmkuhl, G. (2002). Effects of combined cognitive behavioural treatment with parent management training in ADHD. *Behavioural and Cognitive Psychotherapy, 30*(1), 111-115.

Gureasko-Moore, S., DuPaul, G. J., & White, G. P. (2006). The Effects of Self-Management in General Education Classrooms on the Organizational Skills of Adolescents With ADHD. *Behavior Modification, 30*(2), 159-183.

Hübner, M. M., & Marinotti, M. (Orgs.) (2004). *Análise do Comportamento para a educação: contribuições recentes.* Santo André, SP: ESETec Editores Associados.

Jensen, P. S., Garcia, J. A., Glied, S., Crowe, M., Foster, M., Schlander, M., Hinshaw, S., Vitiello, B., Arnold, L. E., Elliott, G., Hechtman, L., Newcorn, J. H., Pelham, W. E., Swanson, J., & Wells, K. (2005). Cost-effectiveness of ADHD treatments: findings from the multimodal treatment study of children with ADHD. *Am J Psychiatry, 162*(9), 1628-36.

Kofler, M. J., Rapport, M. D., & Alderson, R. M. (2008). Quantifying ADHD classroom inattentiveness, its moderators, and variability: a meta-analytic. *Journal of Child Psychology and Psychiatry, 49*(1), 59-69.

Laforett, D. R., Murray, D. W., & Kollins, S. H. (2008). Psychosocial treatments for preschool--aged children with Attention-Deficit Hyperactivity Disorder. *Developmental Disabilities Research Reviews, 14*(4), 300-310.

Langberg, J. M., Arnold, L. E., Flowers, A. M., Epstein, J. N., Altaye, M., Hinshaw, S. P., Swanson, J. M., Kotkin, R., Simpson, S., Molina, B. S., Jensen, P. S., Abikoff, H., Pelham, W. E. Jr., Vitiello, B., Wells, K. C., & Hechtman, L. (2010). Parent-reported homework problems in the MTA study: evidence for sustained improvement with behavioral treatment. *Journal for the Society of Clinical Child and Adolescent Psychology, 39*(2), 220-33.

Lauth, G. W., Heubeck, B. G., & Mackowiak, K. (2006). Observation of children with attention--deficit hyperactivity (ADHD) problems in three natural classroom contexts. *British Journal of Educational Psychology, 76*(1), 385-404.

Martin, G., & Pear, J. (2009). *Modificação do comportamento: O que é e como fazer* (8a ed.). São Paulo: Roca.

Moreira, M. B., & Medeiros C. A. (2007). *Princípios básicos de Análise do Comportamento.* Porto Alegre: Artes Médicas.

Pastura, G. M. C., Mattos, P., & Araújo, A. P. Q. C. (2005). Desempenho escolar e transtorno do déficit de atenção e Hiperatividade. *Revista de Psiquiatria Clínica, 32*(6), 324-329.

Power, T. J., Soffer, S. L., Mautone, J. A., Costigan, T. E., Jones, H. A., Clarke, A. T., & Marshall, S. A. (2009). An Analysis of Teacher Investment in the Context of a Family-School Intervention for Children with ADHD. *School Mental Health, 1*(3), 107-117.

Purdie, N., Hattie, J., & Carroll, A. (2002). A Review of the Research on Interventions for Attention Deficit Hyperactivity Disorder: What Works Best? *Review of Educational Research, 72*(1), 61-99.

Rossi, L. R. (2008). *Efeitos de um programa pedagógico-comportamental sobre TDAH para professores do ensino fundamental.* Dissertação de mestrado. Faculdade de Ciências Programa de Pós-Graduação em Psicologia do Desenvolvimento e Aprendizagem. Universidade Estadual Paulista (Unesp), São Paulo, Bauru, Brasil.

Singh, I. (2008). Beyond polemics: science and ethics of ADHD. *Nature Reviews Neuroscience, 9*(12), 95-64.

Skinner, B. F. (1969). *Contingências do reforço: uma análise teórica.* (R. Moreno, Trad.). (s.e.) Recuperado em 16 março, 2015, de http://minhateca.com.br/PabloStuart/Documentos/An*c3*a1lise+do+Comportamento/Skinner*2c+B.+F.+(1969).+Conting*c3*aancias+do+Refor*c3*a7o+-+Uma+An*c3*a1lise+Te*c3*b3rica,1985871.pdf

Skinner, B. F. (1972). *Tecnologia do ensino* (Rodolpho Azzi, Trad.). São Paulo: Herder; Edusp.

Skinner, B. F. (2007). *Ciência e comportamento humano.* São Paulo: Martins Fontes.

Vasconcelos, M. M., Malheiros, A. F. A, Wener Jr., J., Brito, A. R., Barbosa, J. B., Santos, I. S. O., & Lima, D. F. N. (2005). Contribuição dos fatores de risco psicossociais para o Transtorno de Déficit de Atenção/Hiperatividade. *Arquivos de neuropsiquiatria, 63*(1), 68-74.

Volpe, R. J.; Diperna, J. C.; Hintze, J. M., & Shapiro, E. S. (2005). Observing Students in Classroom Settings: A Review of Seven Coding Schemes. *School Psychology Review, 34*(4), 454-474.

Sobre os autores

Marcos Vinícius de Araújo

Psicólogo pela Universidade Presbiteriana Mackenzie (1998), mestre (2001) e doutor (2012) em distúrbios do desenvolvimento pela mesma instituição. Atualmente, é membro do Núcleo Docente Estruturante do Centro de Ciências Biológicas e da Saúde e professor do curso de psicologia da UPM. Atua na área de psicologia, com ênfase em psicologia educacional, trabalhando principalmente nos seguintes temas: problemas de aprendizagem, inclusão, educação especial, educação infantil e da adolescência. Desenvolve pesquisa na área da observação e intervenção comportamental em sala de aula com crianças que apresentam sinais de desatenção e hiperatividade. Editor da seção de psicologia e educação da revista *Psicologia: Teoria e Prática.*

Alex Moreira Carvalho

Graduado em psicologia pela Universidade Federal do Pará (1982), mestre em psicologia (psicologia social) pela Pontifícia Universidade Católica de São Paulo (1990) e doutor em psicologia (psicologia social) pela Pontifícia Universidade Católica de São Paulo (1997). Atualmente, é professor adjunto I da Universidade Presbiteriana Mackenzie. Possui experiência nas áreas de educação e psicologia, com ênfase em avaliação da aprendizagem, atuando principalmente nos seguintes temas: psicologia social, educação, tecnologia do ensino, práticas pedagógicas, epistemologia da psicologia, arte e psicologia.

Maria Cristina Triguero Veloz Teixeira

Possui graduação em psicologia pela Universidade de Havana (1988), mestrado em psicologia pela Universidade Federal de Santa Catarina (1997) e doutorado em saúde pela Universidade Federal de Santa Catarina (1999). Atualmente, é coordenadora do programa de pós-graduação em distúrbios do desenvolvimento do Centro de Ciências Biológicas e da Saúde da Universidade Presbiteriana Mackenzie. Editora associada da revista *Psicologia: Teoria e Prática.* Áreas de atuação: psicologia comportamental, aprendizagem, análise aplicada do comportamento, identificação e manejo de problemas de comportamento no desenvolvimento típico e atípico. Bolsista de produtividade em pesquisa do CNPq/PQ-Nível: 2.

Luiz Renato Rodrigues Carreiro

Possui graduação em psicologia pela Universidade Federal Fluminense (licenciatura e bacharelado em 1994 e formação do psicólogo em 1995), Especialização em neurobiologia pela Universidade Federal Fluminense (1994), mestrado em ciências (fisiologia humana) pela Universidade de São Paulo (1999) e doutorado em ciências (fisiologia humana) pela Universidade de São Paulo (2003). Atualmente, é professor adjunto I da Universidade Presbiteriana Mackenzie. Docente do curso de pós-graduação *stricto-sensu* em distúrbios do desenvolvimento e do curso de psicologia do Centro de Ciências Biológicas e da Saúde da UPM. Tem experiência na área de psicologia, com ênfase em processos cognitivos e atencionais, atuando principalmente nos seguintes temas: atenção e percepção, tempo de reação e aspectos cognitivos do desenvolvimento e suas alterações presentes no TDAH. Editor da revista *Psicologia: Teoria e Prática.* Bolsista de produtividade em pesquisa do CNPq/PQ-Nível: 2.

Anexo

Guia de orientações para manejo comportamental de crianças e adolescentes com sinais de desatenção e hiperatividade

girl-jumping-upside-down-hi/clker

Apresentação

Este Guia de orientações é fruto da tese de doutorado de Marcos Vinícius de Araújo, sob orientação do Prof. Dr. Luiz Renato Rodrigues Carreiro e da Profa. Dra. Maria Cristina Triguero Veloz Teixeira. Este projeto tem por objetivo desenvolver, implementar e avaliar o efeito de procedimentos de manejo comportamental no processo de aprendizagem de alunos caracterizados com TDAH (Transtorno de Déficit de Atenção e Hiperatividade). Para isso, tornou-se necessário, a partir do contato com escolas e de observações sistemáticas em sala de aula, propor um conjunto de orientações que permitam ao professor manejar o comportamento dessas crianças e adolescentes a partir da atuação docente.

As orientações contidas neste Guia visam sugerir estratégias de manejo comportamental que possibilitem ao professor experimentar procedimentos que busquem adequar o comportamento da criança e do adolescente a condições que possibilitem a melhora de sua aprendizagem em longo prazo.

Essas orientações não têm por objetivo ensinar rigidamente aquilo que o professor deve fazer em sala de aula. O que se pretende com este Guia é fornecer ao professor possibilidades de atuação com relação ao aluno em sala de aula, visando contribuir para a melhoria do processo de ensino e aprendizagem.

O que é o Transtorno de Déficit de Atenção e Hiperatividade?

jumping-girl-hi/clker

O Transtorno de Déficit de Atenção e Hiperatividade (TDAH) é definido, de acordo com o Manual Diagnóstico e Estatístico de Transtornos Mentais - DSM-IV-TR (APA, 2002), como um padrão persistente de desatenção e/ou hiperatividade, mais frequente e grave do que o normalmente observado em indivíduos da mesma faixa etária. Deve haver claras evidências de um comprometimento significativo no funcionamento social, acadêmico ou ocupacional.

Cerca de 3 a 5% das crianças e dos adolescentes em idade escolar podem ter TDAH, gerando grande preocupação entre os professores e pais. São crianças que necessitam de mais apoio no processo de aprendizagem.

Quais são as características de crianças e adolescentes com TDAH?

cliparts/C/ri/h/l/R/kid/clker

As crianças e adolescentes com TDAH podem apresentar um conjunto de diferentes sinais que caracterizam seu comportamento, tendo manifestações distintas de acordo com o predomínio de cada um deles (com predomínio de desatenção ou de hiperatividade/impulsividade, ou ainda um tipo combinado).

Os exemplos a seguir indicam quando essas pessoas podem ser caracterizadas com desatenção:

- com frequência deixam de prestar atenção a detalhes ou cometem erros por descuido em atividades escolares, por exemplo;
- com frequência têm dificuldades para manter a atenção em tarefas ou atividades lúdicas;
- com frequência parecem não escutar quando lhe dirigem a palavra;
- com frequência não seguem instruções e não terminam seus deveres escolares ou tarefas domésticas;
- com frequência têm dificuldade para organizar tarefas e atividades;
- com frequência evitam ou relutam em envolver-se em tarefas que exijam esforço mental constante (como tarefas escolares ou deveres de casa);
- com frequência perdem coisas necessárias para tarefas ou atividades (por exemplo, perdem ou esquecem tarefas escolares, lápis ou livros);
- são facilmente distraídas por estímulos alheios à tarefa;
- com frequência apresentam esquecimento em atividades diárias.

Já com relação à hiperatividade e impulsividade, podem ser caracterizadas quando:

- com frequência agitam as mãos ou os pés ou se remexem na cadeira;

- com frequência abandonam sua cadeira em sala de aula, quando se espera que permaneçam sentados;
- com frequência correm ou escalam em demasia, em situações inapropriadas;
- com frequência têm dificuldade para brincar ou se envolver silenciosamente em atividades de lazer;
- com frequência estão "a mil" ou, muitas vezes, agem como se estivessem "a todo vapor";
- com frequência falam em demasia;
- com frequência dão respostas precipitadas antes das perguntas terem sido concluídas;
- com frequência têm dificuldade de aguardar sua vez;
- com frequência interrompem ou se metem em assuntos de outros sem ser solicitados.

Quais são as preocupações da escola em relação ao TDAH?

kT8kr8LTr/cliparts.co

A maior queixa dos professores é de que as crianças e adolescentes com TDAH não conseguem ficar sentadas e/ou quietas, prestar atenção, terminar os trabalhos ou escutar atentamente. Esses comportamentos associam-se, muitas vezes, a uma diminuição no desempenho escolar. E a maioria dessas crianças e adolescentes também podem ser excluídas socialmente, pois em muitos casos apresentam, por exemplo, dificuldade em aprender as regras de um jogo ou de esperar a sua vez. Algumas são verbalmente impulsivas e não consideram os efeitos de suas palavras. Essa rejeição social, associada a um baixo desempenho escolar, pode ocasionar baixa autoestima.

O TDAH não necessariamente prejudica a capacidade intelectual das crianças e adolescentes, mas torna difícil a atenção prolongada para que se conclua determinada tarefa. Como resultado desse conjunto de fatores, de modo geral, muitas crianças com TDAH podem apresentar desempenho escolar desfavorável que, se não detectado a tempo, pode causar grandes lacunas acadêmicas que prejudicarão as séries posteriores.

479kRArtE/Cliparts.co

Ao tentar entender as dificuldades de aprendizagem, é necessário pensar em termos de sua multicausalidade. Ou seja, isso significa que devem ser consideradas características específicas da própria pessoa, questões familiares como incentivo, participação dos pais, características específicas da escola, práticas pedagógicas, espaço físico, projeto político-pedagógico, formação do professor, equipe técnica de apoio, entre outros.

ink2010/open clipart

Proposta de intervenção de manejo comportamental de crianças e adolescentes com sinais de desatenção e hiperatividade

1. Estabelecer regras com os alunos

Ao estabelecer regras, certificar-se de que sejam aceitas coletivamente, pois elas devem ser utilizadas como estabelecedoras de limites e relembradas constantemente.

2. Comunicar o tempo no decorrer da aula e das atividades solicitadas

Deixar claro o tempo que será disponibilizado e informar sistematicamente o seu decorrer.

3. Ressaltar informações importantes

Colocar lembretes, dicas, sugestões em locais acessíveis ao aluno. Utilizar cartazes, lousa, recados no caderno ou agenda, lista de atividades diárias etc.

4. Sentar a criança ou o adolescente perto do professor

Trazer o aluno para localizações mais próximas do professor dentro da sala de aula. Requisitar a atenção do aluno constantemente (trazê-lo todo o tempo para atividade).

5. Desenvolver auto-organização e autonomia

Auxiliar o aluno a organizar suas atividades de estudo em sala e em casa, por meio de orientações verbais e escritas, exemplificando como ele poderá fazer o solicitado.

6. Fracionar a carga de trabalho total

Solicitar atividades de modo direto, objetivo, dividindo as tarefas em execuções mais curtas. Fracionar os exercícios e as atividades com reforço de instruções entre eles.

7. Utilizar atividades e textos com destaque

Destacar as partes mais importantes de uma atividade, questão de prova ou texto, para que o aluno possa direcionar a atenção para elas.

8. Diversificar o material utilizado

Utilizar materiais diferentes: reciclados, papéis coloridos, revistas, jornais.

9. Mesclar atividades de baixa e alta atratividade

Intercalar atividades necessárias que sejam potencialmente menos atrativas com atividades mais atrativas, visando manter o nível de interesse do aluno no decorrer do período de aula.

10. Estimular o autocontrole e autopercepção

Atribuir atividades para as quais o próprio aluno possa ser responsável e que o auxiliem a perceber como foi seu desempenho e as relações de dependência entre atividades diferentes.

11. Comunicar-se com os pais

Estabelecer parcerias eficazes com a família, fornecendo informações a ela de seu trabalho, buscando ações sinérgicas de comunicação constante.

12. Manter o bom humor e não se desgastar por pouco

Concentrar seus esforços nas atividades ou tarefas importantes em longo prazo, como aprendizado escolar e relação com os outros alunos e professores. Defina o que é relevante para o processo educacional e foque seus esforços nessas atividades.

13. Evidenciar aspectos positivos do seu comportamento

Utilizar atividades motivadoras que renovem constantemente o interesse do aluno. Aumentar os elogios e a aprovação logo que algo for realizado adequadamente.

14. Usar o retorno imediato após comportamentos

Agir rapidamente após um comportamento, propiciando imediato retorno positivo ou negativo. Mantenha a calma e não altere o tom de voz.

15. Aumentar a frequência das consequências após comportamentos

Proporcionar mais retorno e consequências mais frequentes para comportamentos realizados pelos alunos.

16. Aproximar-se mais ao se comunicar com a criança ou o adolescente

Ir até o aluno, tocá-lo na mão, no braço ou no ombro, olhá-lo nos olhos, dizer brevemente o que quer comunicar e encorajá-lo a repetir o que acabou de ser dito.

pen&pencil/open clipart

«
Desse modo, o professor, ao colocar em prática as ações sugeridas, poderá levar à diminuição na frequência de comportamentos de desatenção e hiperatividade, obtendo, assim, melhor aproveitamento do aluno em sala de aula.
»

Referências

APA - American Psychiatric Association (2002). *DSM-IV-TR. Manual diagnóstico e estatístico de transtornos mentais* (4a ed. ver.) (Cláudia Dornelles, Trad.) Porto Alegre: Artmed.

Araújo, A. P. de Q. C. (2002). Avaliação e manejo da criança com dificuldade escolar e distúrbio de atenção. *Journal of Pediatrics, 78*(1), 104--110.

Araújo, M. V., Seraceni, M. F. F., Mariani, M. C., Lima, S. F. B., Teixeira, M. C. T. V., Carreiro, L. R. R. (2011). A observação como procedimento de avaliação direta de comportamentos de desatenção e hiperatividade no ambiente escolar. *Cadernos de Pós-Graduação em Distúrbios do Desenvolvimento, 11*(1), 68-77.

Barkley, Russell A., & Murphy, Kevin R. (2008). *Transtorno de Déficit de Atenção/Hiperatividade. Exercícios Clínicos* (3a ed.). Porto Alegre: Artmed.

Barkley, A. R., Edwards, G., Gordon, M., Lovett, B. J., Hathaway, W. L., Dooling-Litfin, J. K., Murphy, K. R., Anastopoulos, A. D., Rhoads, L. H., Farley, S. E., Cunningham, C. E., Robin, A. L. Pfiffner, L. J., DuPaul, G. J., Cunningham, L. J., Connor, D. F., Spencer, T. J., Smith, B. H., Shapiro, C. J., Prince, J. B., Wilens, T. E., & Biederman, J. (2008).

Transtorno de Déficit de Atenção/Hiperatividade. Manual para diagnóstico e tratamento (3a ed.). Porto Alegre: Artmed.

Carreiro, L. R. R., Cerdeira, M. E., Palaria, A. C. Z., & Araújo, M. V. (2010). Sinais de desatenção e hiperatividade na escola: análise dos relatos dos professores sobre suas expectativas e modos de lidar. *Cadernos de Pós-Graduação em Distúrbios do Desenvolvimento, 10*(1), 49-58.

Carreiro, L. R. R., Lima, D. P., Marques, M. A. A., Araújo, M. V., & Teixeira, M. C. T. V. (2007). Estudo exploratório sobre o conhecimento do Transtorno do Déficit de Atenção e Hiperatividade entre professores de escolas públicas e privadas da cidade de São Paulo. *Cadernos de Pós-Graduação em Distúrbios do Desenvolvimento, 7*(1), 34-52.

Dallanora, A. R., Fensterseifer, C. L., Lawisch, D. F., Raabe, M. B., Areosa, S. V. C. (2007). A relação da escola com o Transtorno de Déficit de Atenção e Hiperatividade nos vales do Rio Pardo e Taquari - RS: um pensamento atual. *Psicologia em Pesquisa, 1*(1), 29-33.

Landskron, L. M. F., & Sperb, T. M. (2008). Narrativas de professoras sobre o TDAH: um estudo de caso coletivo. *Psicologia Escolar e Educacional, 12*(1), 153-167.

Open Clip Art Library. *Public Domain.* Recuperado em 9 set., 2010, de http://www.openclipart.org

Pastura, G. M. C., Mattos, P., & Araujo, A. P. Q. C. (2005). Desempenho escolar e Transtorno do Déficit de Atenção e Hiperatividade. *Revista de Psiquiatria Clínica, 32*(6), 324-329.

Rocha, M. M., & Del Prette, Z. A. P. (2010). Habilidades sociais educativas para mães de crianças com TDAH e a inclusão escolar. *Psicologia Argumento*, *28*(60), 31-41.

Rossi, L. R. (2008). *Efeitos de um programa pedagógico--comportamental sobre TDAH para professores do ensino fundamental.* Dissertação de mestrado. Faculdade de Ciências. Programa de Pós--Graduação em Psicologia do Desenvolvimento e Aprendizagem. Universidade Estadual Paulista (Unesp), São Paulo, Bauru, Brasil.

Schwartzman, J. S. (2001). *Transtorno de Déficit de Atenção*. São Paulo: Memnon; Mackenzie.